MARCO POLO

Reisen mit Insider Tipps

ANDALUSIEN

MARCO POLO Koautor Lothar Schmidt

Mit 17 und einem Interrailticket begann die Leidenschaft des Journalisten und Autors Lothar Schmidt für Spanien. Nach dem Studium der Germanistik und Kunstgeschichte und dem Abschluss an einer Journalistenschule lebte er mehrere Jahre in Madrid. Seine Reportagen über Kultur, Reisen und Lebensstil im Süden haben fast immer etwas mit Spanien zu tun, wo er ständig unterwegs ist. Am liebsten in Andalusien.

www.marcopolo.de/andalusien

← UMSCHLAG VORN:
DIE WICHTIGSTEN HIGHLIGHTS

Die besten Insider-Tipps → S. 4

Best Of ... → S. 6

Der Westen → S. 32

Der Osten → S. 58

SYMBOLE

- INSIDER TIPP Insider-Tipp
- ★ Highlight
- ●●●● Best of ...
- Schöne Aussicht
- Grün & fair: für ökologische oder faire Aspekte
- (*) kostenpflichtige Telefonnummer

PREISKATEGORIEN HOTELS

€€€ über 130 Euro

€€ 70–130 Euro

€ bis 70 Euro

Die Preise gelten für eine Nacht im Doppelzimmer für zwei Personen ohne Frühstück

PREISKATEGORIEN RESTAURANTS

€€€ über 40 Euro

€€ 20–40 Euro

€ bis 20 Euro

Die Preise gelten für ein Esse
mit Vorspeise, Hauptgericht
und Nachtisch ohne Getränk

 Titelthemen: Prächtige Prozessionen – die Semana Santa S. 118 | Windige Zone im Süden S. 9

INHALT

Der Süden → S. 76

Ausflüge & Touren → S. 104

Sport & Aktivitäten → S. 110

Reiseatlas → S. 134

UMSCHLAG HINTEN: FALTKARTE ZUM HERAUSNEHMEN →

GUT ZU WISSEN

KARTEN IM BAND

(116 A1) Seitenzahlen und Koordinaten verweisen auf den Reiseatlas
(0) Ort/Adresse liegt außerhalb des Kartenausschnitts
Es sind auch die Objekte mit Koordinaten versehen, die nicht im Reiseatlas stehen
Karten zu Córdoba, Granada, Málaga und Sevilla finden Sie im hinteren Umschlag.

FALTKARTE

(🕮 A–B 2–3) verweist auf die herausnehmbare Faltkarte

Die besten MARCO POLO Insider-Tipps

Von allen Insider-Tipps finden Sie hier die 15 besten

INSIDER TIPP Über Tage
Nördlich von Huelva haben schon die Phönizier nach Erzen gegraben. Heute sind die Minas de Riotinto ein offenes Industriedenkmal. Zum Besucherpark gehört ein historisches Wohnviertel mit original eingerichtetem Haus und eine alte Diesel- und eine Dampflok. Beide tuckern durch die beeindruckende Mondlandschaft → S. 116

INSIDER TIPP Klippen aus Sand
23 Kilometer Strand zu Füßen einer uralten, mehr als 100 Meter hohen Düne. Wo? An der Costa de la Luz bei Mazagón. Die Besucher sind fast alle Inländer → S. 46

INSIDER TIPP Innere Schönheit
So ein Innenhof ist mehr als ein Raum ohne Dach, er ist Familientreffpunkt und offenes Wohnzimmer in einem. Beim Festival de los Patios (dem Fest der Innenhöfe) in Córdoba gewinnt der schönste Patio mit dem prächtigsten Blumenschmuck (Foto re.) → S. 119

INSIDER TIPP Filmreife Tage
Im Hinterland von Cádiz finden Sie keine Touristenströme, aber das erstaunliche Hotel Utopia. Alles ist den 30er-Jahren gewidmet: die Zimmer und das Restaurant mit tollem Bühnenprogramm → S. 82

INSIDER TIPP Das vergessene Dorf
Nicht weitersagen! An der Costa del Sol gibt es ein unverbautes, wenig besuchtes Dorf: Maro glänzt über dem Meer in der Sonne, mit eigenem Sandstrand (Foto o.) → S. 95

INSIDER TIPP Ein Zelt in der Wüste
Im Naturpark Cabo de Gata ist weniger mehr. Das schönste Zimmer der ökologischen Landunterkunft La Joya de Cabo de Gata ist ein großes Beduinenzelt → S. 62

INSIDER TIPP Steppenfahrt
Die Landschaft ist die Kulisse für ein Roadmovie. Hart, hoch und ewig weit wirkt der Altiplano in der Provinz Granada. Fahren, staunen und kein Ziel haben → S. 106

INSIDER TIPP Orient im Okzident
Die maurische Vergangenheit zeigt sich nicht nur in der Alhambra und der Mezquita, sondern auch in zarten Kleinoden wie der Capilla Mudéjar im jüdischen Viertel von Córdoba → S. 37

INSIDER TIPP Strandrennen
Das erste Rennen am Strand von Sanlúcar de Barrameda gab es bereits vor über 160 Jahren. Wetten, feiern, sich zeigen – die Carreras de Caballo haben alles, was ein Pferderennen ausmacht → S. 119

INSIDER TIPP Tolle Tapas
Granada ist die Hauptstadt der Tapas. Klein, fein und gar nicht touristisch ist die Taberna La Tana. Große Auswahl offener Weine → S. 69

INSIDER TIPP Kunst der Königin
In der Capilla Real in Granada hängt Isabellas persönliche Gemäldesammlung mit flämischen und italienischen Meistern des 15. Jhs. → S. 68

INSIDER TIPP Minihotel in Marbella
Was hilft gegen die protzigen Hotelklötze von Marbella? La Morada Más Hermosa, ein kleines Hostal mit sechs charmanten Zimmern und einem Zitronenbaum → S. 93

INSIDER TIPP Stille Schönheit
Oben erkunden Sie eine Festung, eine Moschee und eine Stierkampfarena – unten spazieren Sie durch malerische Gassen. Almonaster La Real ist der schönste Ort der Sierra de Aracena → S. 35

INSIDER TIPP Tito der Töpfer
Úbeda ist bekannt für sein Töpferhandwerk. Die schönsten Stücke finden Sie in der traditionsreichen Alfarería Tito → S. 75

INSIDER TIPP Grillgenuss im Grünen
Versteckt unter schattigem Grün kocht und grillt Juan Valdés, dass es ein Vergnügen ist. Genießen können Sie es im Freiluftrestaurant La Castillería bei Vejer de la Frontera → S. 83

BEST OF ...

TOLLE ORTE ZUM NULLTARIF

Neues entdecken und den Geldbeutel schonen

SPAREN

● *Bester Barock*

Die Malerei des Siglo de Oro, des Goldenen Zeitalters, ist einer der Höhepunkte der spanischen Kunst. Ihre Meister: Diego Velázquez, Francisco de Zurbarán, José de Ribera. Umsonst ist das *Museo de Bellas Artes* von Sevilla, wenn Sie sich als EU-Bürger ausweisen können → S. 51

● *Postkartenblick auf die Alhambra*

Am *Mirador San Nicolás* zu sitzen und die Zeit zu vertrödeln, gehört mit zum Schönsten, was man in Granada machen kann (Foto) → S. 66

● *Römische Metropole*

Ein Ruhesitz in Andalusien – das fanden schon die Römer gut und bauten *Itálica*. Mit Ausweis spazieren EU-Bürger umsonst durch die Ruinenstadt und bestaunen das riesige Amphitheater → S. 57

● *Palastpracht*

Sie nimmt eine Sonderstellung unter den Palästen Sevillas ein: die *Casa de Pilatos*. Ein opulenter Mix aus Mittelalter, Mudéjar und Renaissance. Die 8 Euro Eintritt sparen Sie – klopfen Sie einfach mittwochs zwischen 15 und 19 Uhr an → S. 49

● *Málaga mit Plan*

Auf sieben Routen führen Sie *Audioguides* (verleiht die Touristeninformation) kostenlos durch die Küstenmetropole → S. 81

● *3000 Jahre Geschichte*

Im *Museo de Cádiz* wandeln Sie zwischen Ethnologie, Archäologie und schöner Kunst. Herausragend sind ein Sarkophag aus der Zeit der Phönizier und der Gemäldezyklus von Francisco de Zurbarán → S. 78

● *Morgens in der Mezquita*

Das Highlight von Córdoba genießen Sie an einem Wochentag morgens zwischen 8.30 und 10 Uhr in der Messe (natürlich ohne zu stören). Lassen Sie den Raum auf sich wirken, den Kontrast von christlicher Liturgie und islamischer Baukunst → S. 38

●●●● Diese Punkte zeichnen in den folgenden Kapiteln die Best-of-Hinweise aus

TYPISCH ANDALUSIEN
Das erleben Sie nur hier

● *Schwebende Bühnen*
Wenn während der *Semana Santa* tonnenschwere Tragebühnen geschultert werden, packt es auch denjenigen, der mit der Kirche nicht viel am Hut hat. Sevilla ist die Hauptstadt der Büßerprozessionen (Foto). In Úbeda klingen die Gesänge besonders traurig → S. 118

● *Weiß hingewürfelt*
Das typisch andalusische Dorf ist weiß. Besonders malerisch wirken die gekalkten Schönheiten an Berghängen. Hübscher als *Vejer de la Frontera* kann ein weißes Dorf kaum sein → S. 83

● *Strand satt*
Das Beste für 320 Sonnentage: Die *Playa del Mónsul* samt Nebenstrand Medialuna bei San José ist ein Traum. Klares Wasser, feiner Sand, Vulkanlandschaft → S. 62

● *Meer aus Oliven*
Mehr als 60 Mio. Olivenbäume stehen in Spaniens Süden – die meisten in der Provinz Jaén. Den seltsamen Zauber dieser monotonen Landschaft erlebt man am besten von oben. Zum Beispiel in *Úbeda* von der Plaza Santa Lucía aus → S. 75

● *Flamenco selbst gemacht*
Flamenco ist einfach mitreißend. Wie wäre es, Sie tanzen selbst ein paar Schritte? Nur Mut! In der *Flamencowerkstatt* Sevillas lernen Sie es spielend. Spaß macht es auch bei *Carmen de Torres* → S. 54

● *Maurisches Erbe*
Die Schönheit islamischer Baukunst hat selbst einen christlichen Eroberer wie Peter den Grausamen schwach werden lassen. Seine Residenz, die *Reales Alcázares* in Sevilla, kann es durchaus mit der Alhambra aufnehmen → S. 52

● *Kühler Genuss*
Gazpacho, die kalte Suppe für heiße Tage, hat es weit gebracht. Der Mix aus frischen Tomaten, Paprika und trockenem Brot war mal ein Armeleuteessen. Viele Meisterköche bereiten heute daraus luxuriöse Süppchen zu. Zum Beispiel im *El Churrasco* in Córdoba oder in Málaga bei *José Carlos García* → S. 40, 89

TYPISCH

BEST OF ...

SCHÖN, AUCH WENN ES REGNET

Aktivitäten, die Laune machen

● *Meister der Moderne*

Lassen Sie sich Zeit für die einzigartige Sammlung des *Picasso-Museums* in Málaga mit rund 200 Werken → S. 88

● *Bodegatour*

Sherry und Andalusien – da war doch was. Natürlich: Jerez de la Frontera und seine Bodegas. Nehmen Sie teil an einer der spannenden *Besichtigungstouren* (Foto) → S. 84

● *Kunst der Iberer*

Hinein ins *Museo de Jaén*! Staunen Sie über den behelmten Krieger und den Wolfskopf aus fein gearbeitetem Stein → S. 74

● *Fische gucken auf dem Trockenen*

Gut, dass im *Acuario Almuñécar* die Muränen, Sepias und Seepferdchen hinter sicherem Panzerglas schwimmen → S. 72, 116

REGEN

● *Vorsicht Tornado*

Im *Parque de las Ciencias* messen Sie, wie viel Strom Sie mit einem Fahrrad erzeugen, wie ein Tornado entsteht und wie schön sich die Sinne täuschen lassen: spielen, probieren und staunen. Kinder, Jugendliche, aber auch Erwachsene haben hier jede Menge Spaß → S. 117

● *Strandspaziergang in Bolonia*

Der Himmel hängt tief, der Wind pfeift, und bis zur Meerenge von Gibraltar ist es nicht mehr weit. Gehen Sie gegen den Wind und gegen den Regen am Strand des weltvergessenen Dorfs *Bolonia* entlang. Das ist ein wunderbares Erlebnis → S. 100

● *Flamenco-Nacht*

Gegen Regenschauer und eventuelle Stimmungstiefs hilft ein Abend mit geballter Emotion, den Sie nie vergessen werden, zum Beispiel im *Tablao Cardenal* in Córdoba → S. 40

ENTSPANNT ZURÜCKLEHNEN

Durchatmen, genießen und verwöhnen lassen

ENTSPANNT

● ***Arabisches Bad***

Die Wände sind in dunkles Rot getaucht, das Warmbad schimmert türkis. Maurische Hufeisenbögen, Kuppeln und Marokko-Gefühl umspielen die Sinne im *Hammam-Bad* von Córdoba → S. 40

● ***Ruhe im Zentrum***

Nach der Einkaufs- oder Besichtigungstour tut ein Bad im Dachpool gut. Das Designer-Spa im Hotel *EME Fusion* verwöhnt mit Anwendungen. Für den Drink am Abend geht's wieder aufs Dach, die Aussicht auf das nächtliche Sevilla ist einfach fantastisch (Foto) → S. 55

● ***Mit La Pepa um Cádiz***

Lassen Sie den Zauber von Cádiz auf sich wirken. Erleben Sie die altehrwürdige Stadt vom *Ausflugsboot Pepa*. Das legt mehrmals am Tag am Hafen ab, umrundet die halbe Altstadt bis zum Stadtstrand La Caleta und ist in 1,5 Std. wieder zurück → S. 80

● ***Strand-Feeling wie ein VIP***

Nur am Strand liegen? Wie langweilig. Entspannen Sie auf dem Day-Bed, kühlen Sie sich im Infinity-Pool ab, stärken Sie Körper und Geist mit Yoga. Im Edelambiente des Clubs *Purobeach* fühlen Sie sich wie ein Filmstar. Natürlich in Marbella → S. 16

● ***Patio mit Patina***

Fern vom Trubel Sevillas und Córdobas liegt Carmona mit seinen Kirchen und Palästen. Der *Alcázar del Rey Don Pedro* in der maurischen Festung aus dem 14. Jh. ist eins der schönsten Parador-Hotels Spaniens. Im Mudéjar-Innenhof mit Brunnen vergessen Sie die Zeit → S. 56

● ***Grüne Pause***

Eine Stadt wie Sevilla kann ganz schön müde machen. Ideal für eine Siesta ist der *Parque de María Luisa*. Das Gelände der Iberoamerikanischen Ausstellung von 1929 ist ein englischer Garten mit viel Wasser und Grün. Ideal zum Lesen sind die Bänke an der Plaza de España: Füße hochlegen und entspannen → S. 51

AUFTAKT

ENTDECKEN SIE ANDALUSIEN!

Sonne und Meer, Stierkampf und Flamenco, stolze Menschen und maurische Pracht: So sehen wir Spanien. Dabei kommt all dies aus Andalusien, jenem Teil Europas, der Afrika am nächsten liegt. Fast 800 Jahre lang hat die arabische Kultur das Land geprägt und dabei Schätze hinterlassen wie die Alhambra in Granada und die Mezquita in Córdoba. Als Reiseland ist Südspanien so vielfältig, dass jeder finden kann, was er sucht: Sand oder Schnee, Einsamkeit oder Trubel, opulenten Luxus oder das einfache Leben des Südens.

Faszinierend sind die *pueblos blancos*, die weißen Dörfer, mit ihren engen, verwinkelten Gassen, die lauschigen Innenhöfe, die Zitronen-, Orangen- und Olivenbäume, die malerisch vor antiken Gemäuern wachsen. Alte Festungen erheben sich auf schroffen Felsen, prachtvolle Kirchen und Kathedralen erzählen von einer gemeinsamen islamisch-christlichen Vergangenheit. Dazu gibt es Sonne, Meer und Strände im Überfluss sowie jede Menge Sportmöglichkeiten. Ob Reiten, Segeln, Surfen oder Golfen – alles ist möglich. Auch Wandern und Biken werden immer beliebter, zum Beispiel

Bild: Das weiße Bergdorf Casares in der Provinz Málaga

Einsamer Strand an der Costa de la Luz am Atlantik

in der waldreichen Sierra de Aracena, der Sierra Nevada oder im Naturpark bei Cazorla. Gut möglich, dass Sie in den südlichen Bergwelten Bekanntschaft mit Geiern, Adlern und anderen Wildtieren machen werden.

Das Besondere und Einzigartige der andalusischen Kultur und Lebensart erklärt sich derweil durch ihre Geschichte. Vor allem die Eroberer aus Nordafrika spielen dabei eine Rolle: die Mauren, die 711 unter Tariq Ibn Ziyad über die Meerenge kamen und die Iberische Halbinsel innerhalb von nur acht Jahren fast vollständig eroberten. Nirgendwo sonst in Spanien lassen sich die Spuren der islamischen Kultur besser verfolgen als in Andalusien. Einiges ist über die Jahrhunderte erhalten geblieben. Allem voran die Alhambra, die den Schluss- und Höhepunkt der arabischen Kultur in Westeuropa darstellt, oder die Mezquita von Córdoba, die riesige

Ab 2500 v. Chr. Megalithkultur

1100 v. Chr. Cádiz wird von den Phöniziern gegründet

206 v. Chr. Beginn der römischen Herrschaft

409 n. Chr. Westgoten dringen auf die Iberische Halbinsel vor

711 Tarik landet bei Gibraltar und leitet die arabische Eroberung der Iberischen Halbinsel ein

8.–11. Jh. Wirtschaftliche und kulturelle Blüte unter islamischer Herrschaft

Moschee der einstigen Kalifenstadt. Den bis ins 20. Jh. populären Mudéjar-Stil mit seiner dekorativen Verwendung des Backsteins und farbiger Kacheln bewundern Sie besonders eindrucksvoll an der Plaza de España in Sevilla. Anderen Bauwerken sieht man ihre Vergangenheit erst auf den zweiten Blick an: Die Giralda, der mächtige Glockenturm der Kathedrale von Sevilla, war ursprünglich ein Minarett. Womöglich war gerade die islamische Vergangenheit der Grund, weshalb Kirche und Religion in der spanischen Gesellschaft und Politik über Jahrhunderte eine solch dominierende Rolle spielen konnten.

Im sogenannten Staatskatholizismus während der Franco-Diktatur wurde die Kirche zum machtpolitischen und fragwürdigen Mitspieler, dessen Rolle bis heute die spanische Gesellschaft spaltet. Trotz der populären Prozessionen während der Semana Santa, der Karwoche, und der vielen anderen Kirchenfeste ist selbst in Andalusien die Gegenwart weitaus weltlicher und multikultureller, als man vermuten mag. In jüngerer Zeit hat ein Wiederaufleben der islamisch-andalusischen Vergangenheit stattgefunden. Einerseits als touristische Vermarktungsstrategie, die den Zauber von 1001 Nacht zur dekorativen Nichtigkeit degradiert. Andererseits erlebt Spanien seit Anfang der 90er-Jahre eine massive Einwanderung von Menschen aus Lateinamerika, Osteuropa und Nordafrika. Mit der wachsenden Zahl von Muslimen, wird auch ihre Kultur und Religion wieder sichtbar. In Granada beobachtet man das nicht nur an Teestuben und Souvenirläden mit marokka-

Die Spuren 800 Jahre alter arabischer Kultur

Mitte 11.–15. Jh. Islamische Kleinfürstentümer bilden sich. Immer wieder dringen christliche Heere bis Andalusien vor, das an Kastilien fällt – bis auf das Königreich Granada

1492 Isabella von Kastilien und Ferdinand von Aragón erobern Granada. Vertreibung der Juden und Moslems. Kolumbus landet in Amerika

1516 Karl V. ist erster Herrscher der Habsburgerdynastie in Spanien

1714 Die Bourbonen erringen den spanischen Thron. Gibraltar wird britisch

nischem Kunsthandwerk. Auf dem Albaicín wurde auch die erste neue Moschee in Andalusien erbaut. In einem Land, das sich über die Reconquista – die über acht Jahrhunderte dauernde christliche Rückeroberung – definiert, muss dies zu Spannungen führen. Während die eine Seite den Muslimen verweigert, in der Mezquita von Córdoba ein symbolträchtiges Freitagsgebet abzuhalten, gibt es auf der anderen Seite radikale Tendenzen, die von einer neuen Herrschaft in Al Andalus träumen. Die Geschichte bleibt nicht stehen, vor allem nicht in den großen Städten Granada, Sevilla und Málaga. Am deutlichsten ist die Entwicklung in der Landeshauptstadt: In Sevilla hat sich eine lebendige Szene etabliert, die den Aufbruch zelebriert, ähnlich wie Barcelona in den 1990er-Jahren. Mit jungen und ungewöhnlichen Modeshops, trendigen Bars und Restaurants. Das traditionelle Sevilla mit seinen Bruderschaften, der Marienverehrung und der Feria de Abril bleibt davon unberührt. Andalusien ist auch genau wegen dieser Gleichzeitigkeit der Zeiten und Stile so spannend.

Die Faszination für das Land im Süden hat eine längere Geschichte als die des Massentourismus, der in den 1960er-Jahren begann. Schon im 19. Jh. war man begeistert von der Exotik des Flamenco und der Kultur der *gitanos*, wie die Minderheit der Roma in Spanien genannt wird. Auf Ihrer Reise nach Andalusien erleben Sie, dass viele vermeintliche Klischees heute noch lebendige Traditionen sind. Sie gehören zum Alltag, oder besser gesagt zum Festkalender. Zum Bild der Gegenwart gehört allerdings auch, dass das alte, faszinierende und mitunter dunkle und grausame Spanien immer seltener wird. Der Stierkampf, um ein bekanntes Beispiel zu nennen, der im fernen Katalonien mittlerweile verboten ist, wird auch im Ursprungsland der Corrida kontrovers diskutiert. Wie lange es ihn noch geben wird, ist nur eine Frage der Zeit. Anders ist es beim Flamenco. Jenseits der Tablao-Shows, die in den Städten gerne für Touristen angeboten werden, entwickelt sich die leidenschaftliche Kunst immer weiter. Die arabisch inspirierte Melodik und die komplizierten Rhythmen fließen ein in die Popmusik der Gegenwart. Die 8,4 Mio. Menschen, die auf einer Fläche von der Größe Portugals leben, sind also längst im Europa des 21. Jhs. angekommen. Um der Region gerecht zu werden, muss man neben das Bild vom knorrigen Olivenbaum eben auch die endlosen, eintönigen Olivenbaumplantagen im Nordosten des Landes setzen. Und neben den maurischen Palästen und

Die Klischees sind hier lebendige Traditionen

1805 Seeschlacht am Kap von Trafalgar

1808–14 Unabhängigkeitskrieg gegen Napoleon

1936 Franco löst den Spanischen Bürgerkrieg aus und errichtet nach seinem Sieg 1939 ein autoritäres Regime. Beginn der Diktatur

1975 Franco stirbt. Juan Carlos I. wird König. Wiedereinführung der Monarchie. Übergang zur Demokratie

1981 Andalusien erhält den Autonomiestatus mit eigener Regionalregierung

Treffpunkt mit Tradition: die Confitería Campana in Sevilla

den berühmten weißen Dörfern gibt es auch die öden und gleichförmigen Wohnblocks und Ferienhaussiedlungen, die schon mehr als zwei Drittel der Küste pflastern. Der Immobilienboom, mit dem Spanien in den ersten Jahren des 21. Jhs. für Arbeitsplätze und Wirtschaftswachstum sorgte, zeigte zugleich seine Kehrseite in Form von illegaler Bebauung und dem Verlust von Naturlandschaften. Heute wird die Küste durch die Gesetzgebung geschützt. Zu den positiven Entwicklungen im Naturschutz gehört der Ausbau erneuerbarer Energien. In den Altiplanos bei La Calahorra sehen Sie riesige Flächen mit Solarpaneelen. In der Meerenge von Gibraltar sind es zahllose Windräder.

Andalusien ist ein Bilderbuch der Landschaften: Dünengebiete am Atlantik, Kork- und Steineichenwälder im Nordwesten, Gebirgslandschaften in der Sierra de Grazalema, Halbwüstengebiete bei Almería und Olivenbaumplantagen bei Jaén – die Reise durch Südspanien ist ein Fest für die Sinne. *¡Bienvenido a Andalucía!*

1986 Beitritt Spaniens zur EG (heute EU)

1992 Sevilla ist Gastgeber der Weltausstellung Expo

2007 Besucherrekord: 8,52 Mio. Touristen kommen nach Andalusien

2008 Regionalwahlen: Siege der Sozialisten in Andalusien

2008–2012 Immobilienkrise und Weltwirtschaftskrise schwächen Andalusien

2012 Cádiz ist iberoamerikanische Kulturhauptstadt

IM TREND

1 Andalusien alternativ

Teestuben Die alternative Szene in Andalusien konzentriert sich auf die Region der Alpujarras und bietet alles – von ganzheitlicher Medizin über fernöstlichen Tanz bis hin zu Biorestaurants. Treffpunkte sind die *teterías*, Teestuben im arabischen Stil. Im *Baraka (C/Estación 12 | Órgiva)* finden orientalische Nächte mit Tanz und Musik statt *(Foto)*. Einen Besuch wert ist das buddhistische Kloster *O sel Ling (nahe Órgiva)* zum Meditieren. Für seine naturbelassene Küche wurde das Lokal *Caserio Ananda (Cortes de la Frontera)* ausgezeichnet.

Flamenco Fashion 2

Feurig Eine neue Welle der Flamencomode rollt in Andalusien heran. Bunte Stoffe, Stickereien und Volants – der moderne Flamenco-Look sticht ins Auge und verlangt nach selbstbewussten Frauen. Der Designer Pol Núñez interpretiert den Look sehr sexy *(Antonia Díaz 31 | Sevilla)*. *Charfal (Clothing Box Outlet | Los Bermejales | Avda. de Finlandia 16)* bringt Lässigkeit ins Spiel. Designtalente wie Juana Martín präsentieren ihre Entwürfe auf der jährlichen *International Flamenco Fashion Show (Palacio de Exposiciones y Congresos | Avda. Alcalde Luis Uruñuela 1)* in Sevilla *(Foto)*.

3 Strandparadiese

Auf Sand gebaut Bei Marbellas Strandgängern ist VIP-Service angesagt. Im *La Cabane (Hotel Los Monteros | Ctra. Cádiz km 187)* entspannen sie auf Himmelbetten und im Designerpool. Designerliegen und Kaviarhäppchen am Pool gibt's am ● *Purobeach (Laguna Village | Playa el Padrón | Ctra. Cádiz km 159) (Foto)* ebenso wie im schicken *Ocean Club Marbella (Avda. Lola Flores)*.

In Andalusien gibt es viel Neues zu entdecken. Das Spannendste auf dieser Seite

Zeichenkunst

4

Surreal trifft Pop-Art Andy Warhol und Salvador Dalí scheinen die Vorbilder der jungen Künstler zu sein. Die Porträts der Malerin Lara Kaló aus Granada sind farbenprächtig und plakativ *(www.myspace.com/larakalo)*. Angel Perdomo entspringt auch Granadas Kunstszene, seine Werke erinnern an surreale Traumzeichnungen *(www.myspace.com/angelperdomo_arte, Foto re.)*. Gefördert werden die talentierten Maler von der *Estudio de Tatuajes y Piercing Pupa Tattoo Art Gallery (Granada | C/Molinos 15 | www.pupatattooartgallery.blogspot.com)*, die in regelmäßigen Abständen Werke von Lara, Angel und anderen Newcomern zeigt. Auch in der *Montana Shop & Gallery (Sevilla | C/Arjona 9 | www.montanacolors.com)* werden moderne Kunstformen wie Graffiti, Installationen und Videoart einem breiten Publikum zugänglich gemacht. Am Puls der Zeit: die Blogger von *Underground Art Granada (subculturagranada.wordpress.com)*.

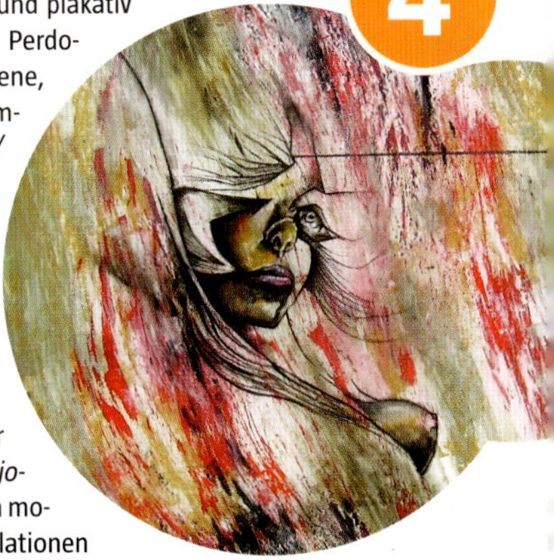

Im Doppelpack

5

Surf plus Andalusien ist ein Paradies für Kletterer. Aber auch Surfer, Kiter, Yogis und Reiter sind hier genau richtig. Abenteurer können in einem Urlaub zwei Sportarten verbinden. *Girasol Andalusian Tours (C/Colón 12)* bietet Action im Doppelpack mit je zwei Tagen Kite- und Kletterkurs in Tarifa. Bei der Yoga- und Kletterwoche der *Climbing Lodge (El Chorro | www.klettern-in-spanien.de)* ergänzen sich die Sportarten perfekt, zusätzlich zum Yoga *(Foto)* lockert Massage die Muskeln. Auch Reiten lässt sich prima mit einem Surfurlaub kombinieren. *Hotel Dos Mares (Tarifa | Ctra. N 340 km 79, 5)*.

STICHWORTE

ANDALUSISCHER BAROCK

Als die schwer beladenen Karavellen aus den neuen Kolonien im Hafen von Sevilla und später in Cádiz gelöscht wurden, begann für Spanien sein buchstäblich „goldenes Jahrhundert". Das siglo de oro beschert den Künstlern des 17. Jhs. eine ausgesprochen vorteilhafte Auftragslage. Francisco Pacheco (1564–1654) gilt als Begründer der „Sevillaner Malerschule". Sein Schüler wurde Diego Velázquez (1599–1660), der große Meister des spanischen Barocks. Ebenfalls in Sevilla arbeiteten Bartolomé Murillo (1618–1682) und der „Maler der Mönche" Francisco de Zurbarán (1598–1664). Neben Malerei entwickelt sich im Süden Spaniens in jener Zeit eine ebenso realistische wie eindringliche Plastik. Die großen Meister dieser Kunst heißen Pedro de Mena, Juan de Mesa, Pedro Roldán und Martínez de Montañés.

ANDASOL

Wenig Regen und viel Sonne, das freut nicht nur Touristen. In der Hochebene bei La Calahorra, wo die berühmte Anfangsszene von „Spiel mir das Lied vom Tod" gedreht wurde, vollzieht sich gerade ein energiepolitischer Szenenwechsel. Die wüstenhaften Landschaften sind nicht mehr allein das Eldorado grimmiger Westernhelden. Auf einer Fläche von 210 Fußballfeldern wird Sonnenlicht zu Strom. Das Deutsche Zentrum für Luft- und Raumfahrt (DLR) hatte den geeigneten Standort gesucht und

Flamenco, Stierkampf, Picasso & Co – im andalusischen Steckbrief erfahren Sie alles über Gesellschaft, Kultur und Politik

die Konstruktion der Parabol-Rinnen-Kollektoren erdacht. 2009 wurde das solarthermische Kraftwerk Andasol 1 eingeweiht, mittlerweile ist Andasol 3 fertig. Projektentwickler ist die mittelfränkische Solar Millennium AG. Die derzeit größten Solarkraftwerke der Welt können im Jahr 600 Gigawattstunden Strom erzeugen, das reicht etwa für gut 500 000 Haushalte. Anders als Fotovoltaikanlagen kann das solarthermische Kraftwerk auch in der Nacht Strom produzieren. Allerdings verbraucht die Anlage reichlich Wasser. Seit den 1980er-Jahren experimentieren deutsche und spanische Forscher in der Wüste von Tabernas mit solarthermischen Verfahren. Experten schätzen, dass Spanien 2030 ein Viertel seines Stroms mit Solarenergie erzeugen könnte.

FLAMENCO

Ein lang gezogenes *Aaayyy* stimmt ein auf das Klagelied über die untreue Geliebte oder den gestorbenen Bruder. Nicht die Schönheit der Stimme überzeugt die Zuhörer, sondern ihre Ausdruckskraft, die emotionale Tiefe *(jondura)*. Wie in Trance sitzt der Sänger oder

Als Postkarte erschwinglich: ein Picasso

die Sängerin kerzengerade auf einem Stuhl, angefeuert von den bewundernden *¡Olés!* aus dem Publikum. Klatschende Hände, die *palmas* (Handflächen), unterstützen mit komplizierten Rhythmen den Gesang. Rund 40 unterschiedliche Stile hat der Flamenco, von der schwermütigen *siguiriya* bis zu den populären *fandangos*. Die Frühzeit des Flamencos beginnt in der zweiten Hälfte des 18. Jhs. in Cádiz, Jerez de la Frontera und dem Sevillaner Viertel Triana. Der Flamenco wurzelt in der Musik der Sinti und Roma und der andalusischen Volksmusik. Seine Hochzeit erlebt er zwischen 1860 und 1910. Schon damals erwies sich der zur Musik aufgeführte Tanz als die größte Attraktion fürs breite Publikum. Auch die Gitarrenbegleitung setzte sich durch. Die meisten *flamencos* sind Roma, und viele sind überzeugt, dass ein *payo* (Nicht-Roma) niemals ihre künstlerische Tiefe erreichen kann. Der Flamenco, der auf den Bühnen der Touristen-*tablaos* präsentiert wird, beschränkt sich meist auf die fröhliche Seite der Musik und stellt den Tanz in den Vordergrund. Das Programm ist damit nicht grundsätzlich von minderer Qualität. Wen Sie dort nur selten antreffen werden, ist der *duende* (Kobold), der geheime Magier des Flamencos, der den Funken der Emotion vom Künstler auf die Zuschauer überspringen lässt. Info und Termine: Info und Termine: *www.andalucia.org/flamenco*

KOLUMBUS

Nur ein Besessener konnte im 15. Jh. auf die Idee kommen, von Europa aus gen Westen in See zu stechen, um einen Weg nach Osten, nach Indien, zu finden. Christoph Kolumbus, den die Spanier Cristóbal Colón nennen, geboren um 1451 in Genua, war davon überzeugt, die Erde sei eine Kugel. Zunächst versuchte er, das portugiesische Königshaus von seinem Plan zu überzeugen, doch er fand kein Gehör. Erst die spanische Königin Isabella erlag den Überredungskünsten des Kartografen und Seefahrers und ließ Kolumbus mit drei Schiffen ausstatten. Die Abenteurer legten am 3. August 1492 vom Hafen des andalusischen Städtchens Palos de la Frontera ab und erblickten am 12. Oktober Land: Sie hatten, nichts ahnend, Amerika entdeckt. Das war der Grundstein für den Aufschwung Spaniens zur Weltmacht des 16. Jhs.

MIGRATION

Hunderttausende Andalusier zogen in den 1960er- und frühen 70er-Jahren fort aus ihrer Heimat. Auf der Suche nach einem besseren Leben im Norden Spaniens oder in der Schweiz, in Deutschland oder Frankreich. Ab den 1980er Jahren wurde aus dem Auswanderungs- ein Einwanderungsland. Briten und Deutsche siedelten sich an den schönen Gestaden des Landes an, während es Rumänen, Marokkaner, Ecuadorianer und andere Lateinamerikaner vor allem in die Städte zog. Immer wieder schaffen es auch voll besetzte Boote, *pateras*, mit illegalen Einwanderern bis an die Küste Andalusiens. In der aktuellen Wirtschaftskrise verlassen vor allem junge und gut ausgebildete Spanier ihr Land, in der Hoffnung etwa in Deutschland eine Anstellung zu finden.

PICASSO

Pablo Ruiz Picasso (1881–1973), das Malgenie des 20. Jhs., stammte aus Málaga, verbrachte dort aber nur wenige Jahre seiner Kindheit. Als seinem Vater, der Kunstlehrer war, eine Anstellung in La Coruña angeboten wurde, zog die Familie 1891 ins ferne Galicien und einige Jahre später nach Barcelona. Nach dem Spanischen Bürgerkrieg wollte Picasso keinen Fuß mehr in sein Heimatland setzen, solange Diktator Franco regierte. So wurde auch aus dem Traum des Malers nichts, in seiner Heimatstadt seine Arbeiten zu zeigen. 1953 hatte Picasso zwei Lastwagen mit Gemälden nach Málaga schicken lassen. Sie sollten im Palacio de Buenavista ausgestellt werden, was die Franquisten allerdings verboten. 50 Jahre später wurde eben jener Palacio zum Kernstück des neuen Picasso Museums, das erst durch die Schenkung von 155 Werken von Christine Ruiz-Picasso, der Witwe von Picassos erstem Sohn Paolo, möglich wurde.

PUEBLOS BLANCOS

Eigentlich sind sie fast alle weiß, die Dörfer im Süden Spaniens. Doch ein *pueblo blanco*, das es auch zu einer Touristenattraktion bringen will, braucht ne-

Nachbauten der Kolumbus-Schiffe liegen bei La Rábida am Ufer des Río Tinto

ben den weiß gekalkten Häusern auch schmale Gassen, in denen man sich garantiert verirrt. Erst dann kann man davon ausgehen, dass das Dorf maurischen Ursprungs ist. Außerdem sollte es malerisch an einem Berghang kleben oder auf einem Felsvorsprung. Das Kalken der Häuser wurde übrigens erst im 17. Jh. populär und gehörte traditionell zu den Hausarbeiten der Frau. Besonders schöne *pueblos blancos* sind Vejer und Arcos de la Frontera, Grazalema, Gaucín, Casares und Frigiliana.

ROMA

Über die Zahl der *gitanos* (Zigeuner) im Land kann nur spekuliert werden: Die zuverlässigsten Schätzungen kommen auf 650 000–700 000, rund zwei Prozent der spanischen Bevölkerung. In Andalusien, wo die ersten *gitanos* im 15. Jh. sesshaft wurden, leben ca. 300 000. Doch sie sind ein Volk im Volke geblieben. Nicht Integration ist ihr Ziel, sondern das Bewahren der kulturellen Eigenständigkeit. *Gitanos* und *payos* (Nicht-Roma) leben Rücken an Rücken ohne Verständnis für die Lebensweise des anderen. Nach Umfragen lehnen die Spanier niemanden so ab wie die Roma. Dabei haben sie doch ihren Teil zur spanischen Kultur beigesteuert: den Flamenco. Ein Berührungspunkt. Noch immer ist die Kindersterblichkeit bei den Zigeunern hoch, ihre Lebenserwartung niedrig, ihr Aufenthalt in Schulen kurz. Die Stiftung *Fundación Segretariado Gitano* hat das Ziel, „berufliche Qualifikation und soziale Teilhabe zu verbessern, ohne die Traditionen der Zigeunerkultur zu verlieren". Eine Herausforderung für die gesamte Gesellschaft.

SEMANA SANTA

Schwankende *pasos*, Tragebühnen auf denen der leidende Christus oder die heilige Jungfrau in einem Meer aus Kerzen durch die Gassen getragen werden, Trauermärsche, barfüßige Büßer mit Spitzhauben, die das Gesicht verdecken – so kennt man die „heilige Woche" in Andalusien und so kann man sie auch erleben. Vor allem in der Hauptstadt Sevilla, wo über 50 Bruderschaften *(cofradías* und *hermandades)* ihre Prozessionen abhalten. Die teilweise tonnenschweren *pasos* werden von den *costaleros* getragen. Als in Málaga die Pest wütete, waren starke Männer rar und man forderte Hilfe aus dem Stadtgefängnis. Die Tradition hat sich erhalten, jedes Jahr darf in Málaga ein tragewilliger Gefangener auf seine Begnadigung hoffen.

STIERKAMPF

Die *corrida* beginnt am Spätnachmittag. Drei Matadore werden sich im Laufe des Abends je zwei Stieren entgegenstellen und sie am Ende mit einem Degenstoß zwischen die Schulterblätter erstechen. Eine *corrida* ist kein Kampf, sondern ritualisiertes Töten. Nach einem Leben auf endlosen Weiden wird der Stier *(toro)* in die Arena geführt, ohne für diesen Moment trainiert worden zu sein. Seine Ahnungslosigkeit und Kampfeslust machen ihn zum attraktiven Opfer. Der Matador und seine Helfer, die *cuadrilla,* reizen das Tier mit ihren *capas* in Gelb und Rosa. Für die Farben ist der Stier blind; in Wallung bringen ihn die Bewegungen. Ermüdet von seinen folgenlosen Stößen in die Tücher, muss der Stier die nächste Prüfung ertragen. Der *picador* reitet herein, eine Lanze in der Hand, die er dem Stier in den Nacken bohrt. Das Pferd ist gegen die Stöße des Stiers mit einem gepolsterten Umhang geschützt, das rechte Bein des *picador* mit einer Metallschiene. Dann jagen zwei aus der *cuadrilla* des Matadors dem Tier sechs *banderillas* in den Nacken, bunt geschmückte Holzstäbe mit Widerhaken, die ihm während des restlichen Kampfes bei jeder Bewegung Schmerz bereiten. Der letzte Akt beginnt. Der Matador *(von matar* = töten*)* stellt sich dem Stier allein entgegen, bewaffnet mit Degen und *muleta,* dem roten Tuch. Die Kunst des Matadors besteht darin, die lebensgefährlichen Hörner so nah wie möglich an sich vorbeizuführen und dabei eine gute Figur zu machen. Schließlich stellt er sich vor den Stier und sticht zu. Im besten Fall steht das Tier noch einen Moment still da, um dann tot zusammenzubrechen. Den spanischen Gegnern der *corrida* geht es gehörig auf die Nerven, dass Ausländer bei Spanien sofort an Stierkampf denken. In Katalonien wurde 2010 der Stierkampf verboten. Ab 2012 wird es in der autonomen Region keine *corridas* mehr geben, was die auf Eigenständigkeit bedachten Katalanen auch als antispanischen Erfolg feiern. In Andalusien ist man von solch einem Schritt derzeit noch weit entfernt. Sollte es im Süden irgendwann mit dem „Tod am Nachmittag" vorbei sein, dann, weil sich immer weniger Menschen für das blutige Spektakel interessieren und sich das Geschäft einfach nicht mehr lohnt.

Die Stierkämpfer warten hier konzentriert auf ihren Einsatz

TORO DE OSBORNE

Schon von Ferne fällt Autofahrern auf den Landstraßen die Silhouette eines Stiers auf. Die 12 m hohe Figur macht seit 1957 Werbung für den Sherry- und Brandyproduzenten Osborne aus El Puerto de Santa María. Doch der Reklamestier ist schon lange mehr als das, nämlich ein Symbol Spaniens schlechthin. Als 1989 ein Gesetz in Kraft trat, das Werbung an den Landstraßen verbot, entfernte Osborne den Schriftzug, aber nicht den Stier. Dafür bekam das Unternehmen 1994 ein Bußgeld aufgebrummt. Nach dem Protest tausender Spanier erklärte das Parlament, der Stier sei Teil des kulturellen Erbes des Landes und dürfe deswegen stehen bleiben. Um so überraschender, dass an der A4, zwischen Bailén und Córdoba, statt der Silhouette eines Stiers, die eines Esel die Landschaft überragt. Der „Burro de Cataluña" wurde 2004 von zwei jungen Katalanen erfunden. Er war eine ironische Antwort auf die populären Osborne-Stiere und tauchte zunächst als Autoaufkleber auf. Mittlerweile ist er zum Symbol der nach Unabhängigkeit strebenden Katalanen geworden.

ESSEN & TRINKEN

Wer da nicht wach wird! Mit einem tiefschwarzen Kaffee, den selbst der üppige Zusatz von heißer Milch nur in ein dunkles Braun verwandeln kann, begrüßt man in Andalusien den neuen Tag. Oft gibt es dazu nur ein *bollo*, ein süßes Gebäckstück. Das Frühstück muss in einer anderen Ecke der Welt erfunden worden sein.

Da ist es doch ein Trost, dass der spanische Kaffee, der wie ein Espresso zubereitet wird, von Kennern hoch gelobt wird. Zum klassischen Frühstück gehört die *tostada*, ein geröstetes Weißbrot, das man mit Butter und Marmelade, Öl und Salz oder Öl, Salz und Tomatenpüree zu sich nimmt. Der spanische Bastard des edlen französischen Croissant nennt sich *cruasán* und ist kaum ohne Zuckerglasur zu kriegen. Weil es richtig schön klebt, isst man es mit Messer und Gabel.

Gegen 11 Uhr vormittags verlassen die Andalusier ihre Büros fürs zweite Frühstück. Das ähnelt zwar im Prinzip dem ersten, doch mancher bestellt auch schon ein kleines Bier und nimmt dazu eine Tapa, eine herzhafte Kleinigkeit als Snack. In vielen andalusischen Bars, die meist eine Mischung aus Kneipe und Cafeteria sind, gibt's eine Tapa gratis zu Softdrinks und alkoholischen Getränken. Wenn Sie mehr bestellen wollen, zeigen Sie einfach auf das Angebot unter der Glasvitrine auf dem Tresen und bitten um *una tapa de esto* – eine Tapa von dem hier. Was die Bars und Restaurants als Tapas *(tapa* bezeichnet die Menge, nicht die Art des Essens*)* im Angebot ha-

Bild: Terrasse des Hotels Alhambra Palace in Granada

Tapas-Lokal, Gourmettempel oder Taverne? Egal, für was Sie sich entscheiden – Sie erwartet kulinarischer Genuss

ben, können Sie auch als *ración* (Portion) für mehrere Personen bestellen. Wenn Sie allein sind, reicht eine halbe Portion *(media ración)* zum Sattwerden. Wer beim Schwimmen im Meer Hunger bekommt, geht zum nächsten *chiringuito*, einem Strandimbiss mit Tapas und *raciones*. Solange es sie noch gibt – der spanische Küstenschutz erlaubt keine Bauten mehr am Strand.

Zeit zum Mittagessen ist zwischen 14 und 16.30 Uhr. Überall in Andalusien bieten Restaurants Mittagsmenüs *(menú del día)* ab 8 Euro an. Dafür haben Sie die Wahl zwischen meist drei verschiedenen Vorspeisen *(primero)* und drei Hauptgerichten *(segundo);* Nachtisch und ein einfacher Wein sind im Preis inbegriffen. Je mehr Einheimische an den Tischen sitzen, desto vertrauenswürdiger ist der Laden.

Die Küche Andalusiens ist so vielfältig wie seine Regionen. Fisch- und Meeresfrüchte sind überall dort zu finden, wo das Meer nah ist. *Gambas* und *Langostinos* aus Sanlúcar de Barrameda oder

SPEZIALITÄTEN

▶ **ajoblanco** – kalte Knoblauchsuppe mit Rosinen und Mandelsplittern
▶ **albóndigas** – Hackfleischbällchen
▶ **bacalao** – Stockfisch, viele Varianten
▶ **boquerones fritos/en vinagre** – frittierte oder eingelegte Sardellen
▶ **café solo/cortado/con leche** – Espresso/Espresso mit einem Schuss Milch/Milchkaffee
▶ **chorizo** – Paprikasalami
▶ **churros** – frittierte Teigkringel *(*zum Frühstück, besonders beliebt *con chocolate,* mit Schokolade*)*
▶ **clara** – Bier mit *gaseosa* (ähnlich einem Alster oder Radler)
▶ **ensaladilla rusa** – spanischer Kartoffelsalat
▶ **gambas al ajillo** – Garnelen in Knoblauchsauce
▶ **gaseosa** – süße Brause
▶ **gazpacho** – kalte Gemüsesuppe aus pürierten Tomaten, Gurken, Paprika, Öl und Essig (Foto li.)
▶ **horchata** – herbes Erfrischungsgetränk aus Erdmandeln
▶ **jamón** – luftgetrockneter Serrano-Schinken, die besten kommen aus Jabugo in der Sierra de Aracena und aus Trevélez in den Alpujarras
▶ **mejillones** – Miesmuscheln
▶ **pescaítos** – gemischte Platte mit frittiertem Fisch und Meeresfrüchten je nach Angebot
▶ **pimientos** – Paprikaschoten
▶ **pulpo/calamares/chipirones** – Krake/Tintenfische/kleine Tintenfische
▶ **queso** – Käse, meistens *manchego* – aus der Mancha (als Tapa oder zum Frühstück)
▶ **salmorejo** – ähnlich wie gazpacho, aber sämiger, mit eingeweichtem Brot (als Tapa mit Brot)
▶ **tortilla** – spanisches Omelett, meist mit Kartoffelstückchen. Als Tapa bestellen Sie *un pincho de tortilla,* ein Stück Tortilla (Foto re.)

Thunfisch *(atún)* sind in ganz Spanien bekannt. Dass die traditionelle Küche eher einfach daherkommt, spricht nicht gegen ihre Qualität. Fast immer sind Tomaten, Paprika und Knoblauch beteiligt. Hauptgerichte kommen in der Regel ohne große Beilagen auf den Tisch. Ein wenig Salat, Pommes frites, das wars. Ihre besondere Note erhalten die Speisen durchs Olivenöl, das einzige Öl, das Spaniern in die Pfanne kommt. Olivenöl ist die Basis der „mediterranen Diät", die

Ernährungswissenschaftler für die Langlebigkeit der Spanier verantwortlich machen.

Zum Abendessen setzen sich die Andalusier frühestens um 21 Uhr an den Tisch, im Sommer eher noch später. Es kann Ihnen in Sevilla passieren, dass Sie am Wochenende um 22 Uhr ein Restaurant betreten und eine Stunde lang der einzige Gast sind, bis sich der Laden dann schlagartig füllt.

Neben der einfachen, bodenständigen Küche gibt es noch die Welt der verfeinerten Genüsse. Küchenchefs wie Juan Mari Arzak, Martín Berasategui oder der Katalane Ferran Adrià haben die hohe spanische Küche *(alta cocina)* revolutioniert. Auch in Andalusien ist eine Generation junger engagierter Köche in ihre Fußstapfen getreten. Sie dekonstruiert, schlägt Schäume mit feinen Aromen und schichtet Heißes und Kaltes, Lokales und Exotisches zu immer neuen Genüssen.

Hier wird Kochen zu einer Mischung aus Wissenschaft und Kunst. Derzeit hoch im Kurs stehen Dani García *(Restaurant Calima | Hotel Don Pepe | C/José Meliá | Marbella | Tel. 952 764 252)* und Benito Gómez *(Tragabuches | C/José Aparicio 1 | Ronda | Tel. 952 190 291)*.

Aus dem Nordwesten Andalusiens stammt der edle *jamón ibérico*. Feinschmecker halten den Schinken für den besten der Welt. Achten Sie auf den Zusatz *de bellota*: Dann stammt er von Ibérico-Schweinen, die sich in freier Wildbahn an Eicheln satt gefressen haben.

Das bekannteste Getränk Andalusiens ist der *vino de Jerez*, der außerhalb Spaniens Sherry genannt wird. Es ist ein kräftiger, mit Branntwein versetzter Wein, der auf den kalkhaltigen Böden des Sherrydreiecks von Jerez de la Frontera, Puerto de Santa María und Sanlúcar de Barrameda wächst. In den oberirdischen Bodegas liegen die Weinfässer in drei oder vier

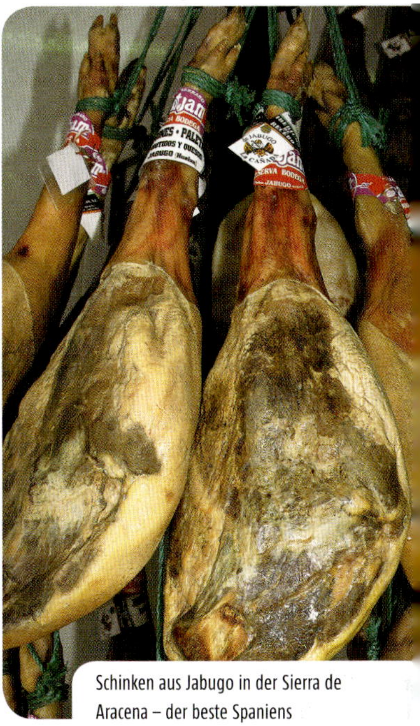

Schinken aus Jabugo in der Sierra de Aracena – der beste Spaniens

Reihen übereinander; oben der jüngste, unten der älteste Wein. Der zum Konsum bestimmte Sherry wird aus der untersten Reihe genommen. Aufgefüllt werden die Fässer danach mit Wein aus der darüber liegenden Reihe, der sich mit dem älteren Wein mischt. Das geht so weiter bis zu den ganz oben lagernden Fässern, denen schließlich frischer Wein zugegeben wird. Dieses System sorgt für den gleichbleibenden Geschmack; Jahrgangssherrys gibt es daher nicht. Die bekanntesten Sorten sind der trockene *fino* und der aus Sanlúcar de Barrameda stammende, trockene *manzanilla*. Beide genießt man gut gekühlt. Lieblicher schmecken *amontillado*, *oloroso* und *cream*. Süß und schwer sind *oloroso* und *pedro ximénez*. In den Sherryfässern reifen auch vorzügliche Brandys. Hier gilt: je älter, desto besser.

EINKAUFEN

Wer ein Stück Andalusien als Erinnerung mit nach Hause nehmen will, findet reichlich handgefertigte Andenken. Beliebt ist vor allem Keramik. Geschäfte dürfen montags bis samstags zwölf Stunden öffnen, außerdem an acht Sonntagen im Jahr. Die Siesta ist den Spaniern heilig, die meisten Läden sind nur von 10 bis 13.30 und dann erst wieder abends von 17 bis 20.30 Uhr geöffnet.

KERAMIK

Vorherrschend sind schlichte Formen mit verspielten Mustern, meist stilisierte Pflanzenmotive, mit grobem Strich blau, gelb, grün hingemalt. Auf den ersten Blick ein wenig rustikal kitschig, auf den zweiten zum Verlieben. Nicht nur schön, sondern dazu noch praktisch: *cuencos*, Schüsseln und Schalen. Beliebt sind die *azulejos*, die meist maurisch inspirierten Kacheln mit geometrisch-vegetativen Mustern. Wenn Sie etwas gefunden haben, das Ihnen gefällt, kaufen Sie es! Woanders ist es nämlich nicht billiger.

KULINARISCHES

Beliebt sind auch andalusische Erinnerungen für Gaumen und Magen. Wie beim Wein unterscheidet man auch bei gutem Olivenöl, aus welchem Anbaugebiet es stammt. Nehmen Sie nur ein extra natives Olivenöl *(aceite de oliva virgen extra)*. Dass sich Öle aus unterschiedlichen D. O.s *(denominación de orígen)* auch in Geruch, Farbe und Geschmack unterscheiden können, liegt vor allem an der Olivensorte, die gepresst wurde (es gibt über 200 Sorten). Wenn Sie möchten, lassen Sie sich in einem Fachgeschäft beraten, etwa in der *Casa de Aceite,* die gibt es in Baeza und Úbeda.

Der beste Schinken Spaniens heißt *jamón ibérico de bellota* und kommt aus dem Ort Jabugo. Die luftgetrockneten Keulen stammen von einer Schweinerasse, die es nur in Spanien gibt und die traditionell mit Eicheln gemästet wird. Der beste Serrano-Schinken reift in Trevélez, in der kühlen Bergluft der Alpujarras.

KUNSTHANDWERK

Eine besondere Cordobeser Spezialität ist Schmuckleder, das kunstvoll mit Silberfarben bemalt wird. Granada dagegen ist für Intarsienarbeiten bekannt. Vom Allzweckkästchen bis zum Schachbrett gibt es eine große Auswahl. Weniger exklusiv, aber mit höherem Nutzwert: die Decken

Shoppingspaß und Bummelfreuden – in Andalusien trifft Kunsthandwerk auf günstige Mode und pfiffige Trends

aus Grazalema und die eigenwilligen *jarapas* (Flickenteppiche) aus Frigiliana oder den Alpujarras.

SCHUHE & KLEIDUNG

Gute Lederwaren erhalten Sie in Ubrique (Sierra de Grazalema), beste Reitstiefel in Valverde del Camino (Provinz Huelva). Schuhe und Kleidung sind in Andalusien billiger als in Deutschland. Schauen Sie ruhig auch in den populären Modeläden von Zara, Mango oder Hoss vorbei, die Sie in den größeren Städten finden. Wer nach den neuesten Trends sucht, sollte nach Sevilla fahren. Dort finden Sie nicht nur das Geschäft der berühmtesten Modeschöpfer Andalusiens, *Victorio & Lucchino (Calle Sierpes)*, sondern auch viele kleine, feine Szeneboutiquen.

SHERRY

Der berühmteste Wein Andalusiens ist der Sherry. Er kommt aus Jerez, El Puerto de Santa María oder Sanlúcar de Barrameda. Vielleicht nehmen Sie an einer Bodega-Besichtigung teil und probieren anschließend, welcher Typ Ihnen am besten schmeckt. Trocken und frisch sind *fino* und *manzanilla*. Letzterer kommt ausschließlich aus Sanlúcar de Barrameda. Auch der bernsteinfarbene *amontillado* ist trocken; sein pikantes Nussaroma passt gut zu Tapas mit Käse und Fleisch. Die dunklen und süßen *oloroso* und *pedro ximénez* sind ideal zum Dessert. Meist wird in den Bodegas auch Brandy hergestellt. Hier heißt die Faustregel: je reifer, desto besser.

SILBER

Wer es etwas edler mag, findet vor allem in Córdoba feine Silberarbeiten. Darunter ist allerdings leider auch viel Kitsch für die Vitrine. Ein Tipp: Gehen Sie lieber zu einem richtigen Juwelier *(joyería)*, dort bekommen Sie ganz sicher echte, qualitativ hochwertige Ware.

DIE PERFEKTE ROUTE

HERRLICHE BADEBUCHTEN

Los gehts ab 1 ***Málaga*** → S. 87. Während Sie auf der A7 nach Osten fahren, fliegt Ihr Blick immer wieder über das Meer. Spazieren Sie in 2 ***Nerja*** → S. 94 zum Balcón de Europa, einer Aussichtsterrasse mit tollem Blick. Zu Ihren Füßen herrliche Badebuchten. Später in 3 ***Salobreña*** → S. 73 steigen Sie die steilen Gassen der Altstadt hinauf (Foto li.). Oder wie wäre es mit einem Badestopp am Hausstrand?

SCHÖNHEIT DER ALHAMBRA

Bei Motril verlassen Sie die Küste. Entlang der Alpujarras und der Sierra Nevada gehts hinauf nach 4 ***Granada*** → S. 64. Verbringen Sie den Nachmittag im Zentrum und auf dem Albaicín, bevor Sie am Abend eine Flamencoshow in einer Höhle des Sacromonte-Viertels genießen. Der nächste Vormittag gehört ganz der Alhambra, deren Schönheit Sie auch noch auf der Fahrt durch die Sierra Subbética nach Córdoba beschäftigt.

DIE MAURISCHE GESCHICHTE

Nach dem Besuch der Mezquita und der Altstadt von 5 ***Córdoba*** → S. 36 sind Sie vom Kunst- und Kulturvirus infiziert. Jetzt wollen Sie die Ruinen der ehemaligen Kalifenstadt 6 ***Madinat al-Zahra*** → S. 41 sehen und mehr über die maurisch-christliche Geschichte erfahren.

ATMOSPHÄRE AM GUADALQUIVIR

Bleiben Sie einen Tag und eine Nacht in 7 ***Sevilla*** → S. 48. Das reicht, um zumindest die Highlights zu sehen. Die Kathedrale, die Reales Alcázares und die einzigartige Atmosphäre der Stadt am Guadalquivir werden Sie begeistern (Foto re.).

DAS LAND DES SHERRYS

Über das schöne Land mit den hellen Albariza-Kreideböden, auf denen die Trauben für den Sherry-Wein wachsen, fahren Sie in Richtung 8 ***Jerez de la Frontera*** → S. 83. Gut, dass Sie die Bodega-Besichtigung schon vor dem Rundgang durch die Stadt reserviert haben. Danach gibts Tapas im Stadtzentrum.

STÜRMISCHE COSTA DE LA LUZ

Über Sanlúcar de Barrameda geht es weiter. Erholt steuern Sie die älteste Stadt der Halbinsel – nein, ganz Europas – an: 9 ***Cádiz*** → S. 76. Das

Erleben Sie die vielfältigen Facetten Andalusiens als Rundtour an der Küste entlang und hinein ins Landesinnere

„Silbertässchen", wie die Stadt mit den markanten Türmen auch heißt, bezaubert mit seinen Lichtstimmungen, seiner liberalen Atmosphäre (1812 wurde hier die erste demokratische Verfassung Spaniens verabschiedet) und seiner lebendigen Altstadt. Über Conil, das malerische ⑩ ***Vejer de la Frontera*** **→ S. 83**, Barbate und Zahara de los Atunes folgen Sie der östlichen Costa de la Luz und besuchen den Kunstpark Montenmedio. Es wird stürmischer, und Sie erreichen ⑪ ***Tarifa*** **→ S. 99**, den Hotspot der Surfer und südlichsten Punkt Europas.

WEISSE DÖRFER

Nach einem Abstecher zur oder einer Übernachtung in der ehemaligen Festung ⑫ ***Castellar de la Frontera*** **→ S. 100** besuchen Sie malerische weiße Dörfer wie ⑬ ***Gaucín*** **→ S. 98**. Bei der Anfahrt auf ⑭ ***Ronda*** **→ S. 96** verstehen Sie, was Schriftsteller wie Ernest Hemingway und Rainer Maria Rilke begeistert hat: Die Lage auf zwei Felsen, der Ausblick und das malerische Stadtensemble sind einzigartig.

DIE MONDÄNE KÜSTE

Die kurvig-schöne Bergstraße A 376 schwingt hinab zur Küste. Nach einem Stopp im mondänen ⑮ ***Puerto Banús*** **→ S. 92** lockt ⑯ ***Marbella*** **→ S. 92**, dessen blumenreiche Altstadt Sie überraschen wird. Bis ***Málaga*** **→ S. 87** ist es nicht weit. Nach insgesamt 1000 erlebnisreichen Kilometern ist die Hafenstadt mit ihren Museen und Einkaufsmöglichkeiten sehr willkommen.

1000 km. Reine Fahrzeit: 17 Stunden.
Empfohlene Reisedauer: 5 – 8 Tage
Detaillierter Routenverlauf auf dem hinteren Umschlag, im Reiseatlas sowie in der Faltkarte

DER WESTEN

Der Guadalquivir, die Lebensader Andalusiens, durchzieht den Westen der Region: vorbei an Córdoba, der alten Kalifenstadt, und Sevilla, dem pulsierenden Herzen Andalusiens – bis sich der Fluss beim Nationalpark Doñana in den Atlantik ergießt.

Córdoba lockt mit seiner mehr als 1000 Jahre alten Mezquita. Sevilla, die andalusische Hauptstadt, will nicht nur besichtigt, sondern vor allem erlebt werden: Wenn Sie die Herrlichkeiten der Reales Alcázares und der Kathedrale in sich aufgesogen haben, lassen Sie sich durchs Nachtleben treiben. In der Nachbarprovinz Huelva warten die weiten Strände der westlichen Costa de la Luz, die Doñana und die wenig besuchte Sierra de Aracena auf Sie.

ARACENA

(137 D2)(*Ⓜ C3*) **Wie einen Regenschauer nach einem heißen Sommertag, so genießen Sie den Duft des Waldes und sein kühles Grün, wenn Sie im Schatten von Kastanien und Olivenbäumen, von Kork- und Steineichen einen Wiesenrand entlangwandern, von einem halb vergessenen Dorf zum nächsten.**

In den bewaldeten Bergen des Naturparks ★ *Sierra de Aracena y Picos de Aroche (www.sierradearacena.com)*, am westlichen Ende der Sierra Morena, suchen die Sevillaner seit Langem für ein paar Tage Erholung von der überhitzten Großstadt. Nun beginnen auch andere Besucher diese liebliche Naturlandschaft

Bild: Plaza de España in Sevilla

Lebendige Städte und liebliche Natur – in Sevilla und Córdoba erleben Sie alles und genießen Lebensfreude pur

in einem vergessenen Winkel Andalusiens zu entdecken. Das 8000-Einwohner-Städtchen *Aracena* ist der geografische und touristische Mittelpunkt des Naturparks. Ein Bergort, an dem man gerne ein paar Tage ausspannen möchte, um die Abende in den Bars der Gran Vía und der Plaza Marqués de Aracena zu genießen. Dort fällt das Kasino von 1910 im andalusischen Art decó ins Auge. Die Plaza Alta lag einst in der ummauerten Altstadt. Sie lädt auch heute noch zum Verweilen ein. Einen Blick verdient ebenso das Ratsgebäude, das genau wie die mächtige und jüngst restaurierte *Parroquía de la Asunción* zu den schönsten Beispielen lokaler Renaissancearchitektur gehört. Das *Museo del Jamón (Gran Vía)* an der grünen Plaza Doña Elvira ist nicht irgendeinem Schinken gewidmet, sondern allein dem des Iberischen Schweins. Auf dem Gipfel des Stadtbergs wacht die Ruine einer portugiesischen Burg über das Leben zu ihren Füßen, Mauer an Mauer mit der gotischen Kirche *Nuestra Señora del Mayor Dolor*.

SEHENSWERTES

GRUTA DE LAS MARAVILLAS

Die „Höhle der Wunder" ist eine auf 1,2 km begehbare Tropfsteinhöhle. *Tgl. 10–13.30 und 15–18 Uhr | Eintritt 8,50 Euro | C/Pozo de la Nieve | Anmeldung unter Tel. 6 63 93 78 76*

ÜBERNACHTEN

FINCA VALBONO

Drei-Sterne-Hotel in einem schönen, liebevoll restaurierten *cortijo* (Landgut) vor den Toren von Aracena. *30 Zi. u. Apt. | Ctra. Carboneras, km 1 | Tel. 9 59 12 77 11 | www.fincavalbono.com* | €€

Blick vom Gipfel des Stadtbergs auf Aracena

ESSEN & TRINKEN

JOSÉ VICENTE

Das ist das beste Restaurant am Ort, welches sogar einen eigenen Feinkostladen hat. *Di geschl. (abends nur mit Reservierung) | Avda. Andalucía 53 | Tel. 9 59 12 84 55* | €€–€€€

MONTECRUZ

Leckere Tapas und schmackhafte Gerichte aus der Region; während der Jagdsaison im Herbst (Oktober bis Dezember) werden Wildspezialitäten serviert. *Mi geschl. | Plaza San Pedro | Tel. 9 59 12 60 13* | €–€€

INSIDER TIPP HOTEL LA ERA DE ARACENA

Stilvolles Landhotel in schöner Lage mit bestem Blick über die Hügel der Sierra. Ideal für ein romantisches Wochenende. *16 Zi. | N 433, km 85,4 | Tel. 9 6 10 79 68 00 | www.hotelaracena.com* | €–€€

HOTEL LOS CASTAÑOS

Hier scheint die Zeit stehengeblieben zu sein. In diesem klassischen Stadthotel ist man noch immer sehr gut aufgehoben. *30 Zi. u. Apt. | Avda. Huelva 5 | Tel. 9 59 12 63 00 | www.loscastanoshotel.com* | €

AUSKUNFT

Oficina de Turismo (Tel. 6 63 93 78 77) am Eingang zur Gruta de las Maravillas. Informationen über den Naturpark im *Centro de Interpretación del Parque Natural (Plaza Alta | auf halbem Weg hinauf zur Festung). www.aracena.es*

ZIELE IN DER UMGEBUNG

INSIDER TIPP ALMONASTER LA REAL

(136 C2) (*B3*)

Bezauberndster Ort der Sierra (1800 Ew., 27 km westlich von Aracena). Auf einer Anhöhe thronen Festung und Moschee aus dem 10. Jh., errichtet auf den Fundamenten eines westgotischen Klosters. Vom Minarett genießen Sie eine unvergleichliche Aussicht, auch auf die Stierkampfarena (19. Jh.), die neben der Festung am Hang klebt wie ein viel zu großes Schwalbennest. Übernachten können Sie im *Hotel Casa García (22 Zi. | C/San Martín 2 | Tel. 9 59 14 31 09 | €)* mit Restaurant – es wird auch Deutsch gesprochen. Nicht weit entfernt liegt Jabugo, das in ganz Spanien für seinen Schinken berühmt ist. Die Schweine leben in ihren letzten Monaten von nichts als den Eicheln der Steineichen.

FUENTEHERIDOS UND ALÁJAR

(136 C2) (*C3*)

11 km westlich von Aracena liegt in Kastanien- und Eichenwäldern das 700-Seelen-Dorf *Fuenteheridos*, dessen Gassen Autofahrer zur Verzweiflung bringen können. Ein Brunnen mit zwölf Hähnen auf dem Hauptplatz *El Coso* erinnert an den Wasserreichtum des Ortes. Hier bittet auch das urige *Restaurante Biarritz (C/Charneca 13 | Tel. 9 59 12 50 88 | €)* mit andalusischer Küche zu Tisch. Nicht weit entfernt liegt das familiäre *Hostal Carballo (7 Zi. | C/La Fuente 16 | Tel. 9 59 12 51 08 | www.hostalcarballo.com | €)*.

Alájar (800 Ew., 5 km südl. von Fuenteheridos) lädt zu einem Kaffee im Schatten der Kirche *San Marcos* ein. Hier gibt es das ökologisch betriebene Landhotel (mit Restaurant) *Posada Alajar (8 Zi. |*

MARCO POLO HIGHLIGHTS

★ Sierra de Aracena
Waldreiche, wilde Bergwelten mit Geiern, Adlern und Wölfen. Ideal für Aktivurlauber → S. 32

★ Mezquita
Dieser maurische Zauberwald aus steinernen Säulen befindet sich in Córdoba → S. 38

★ Barrio Santa Cruz
Das märchenhafte, alte Judenviertel Sevillas → S. 49

★ Catedral und Giralda
Sevilla: eine Kirche, bewacht von einem alten Minarett → S. 50

★ Madinat al-Zahra
Spazieren Sie in der märchenhaften Palaststadt, wo einst der Kalif von Córdoba in verschwenderischem Luxus lebte → S. 41

★ Reales Alcázares
Ein christlicher Fürst ließ inmitten der Großstadt Sevilla maurische Pracht und herrliche Gärten entstehen → S. 52

★ Parque Nacional Coto de Doñana
Der Nationalpark im Mündungsgebiet des Flusses Guadalquivir ist Europas größtes Vogelschutzgebiet → S. 45

C/Médico E. González 2 | Tel. 9 59 12 57 12 | www.laposadadealajar.com | €).

INSIDER TIPP LINARES DE LA SIERRA
(136 C2) (*M C3*)
Ein ordentlich ausgeschilderter Wanderweg führt von Aracena ins 6 km entfernte Linares (300 Ew.). Das malerische Dorf besitzt noch zwei öffentliche Waschplätze *(lavaderos)* und eine Plaza, die während der *Fiesta de San Juan* im Juni zur Stierkampfarena wird.

ZUFRE (137 D2) (*M C3*)
Der 1000-Einwohner-Ort, 27 km östlich von Aracena, erinnert an die weißen Dörfer bei Ronda. Am schönsten ist die *Plaza de la Iglesia* mit der Kirche *Purísima Concepción*, dem Renaissancerathaus und einem kuriosen Wasserspeier (16. Jh.).

CÓRDOBA

KARTE IM HINTEREN UMSCHLAG
(139 E4)(*M G3*) **Diese schöne Stadt ist zurecht äußerst populär: Córdoba (330 000 Ew.). Besucher aus aller Welt drängeln sich in den engen Gassen der Judería rund um die Mezquita. Doch nur ein paar Schritte von der tausendjährigen Moschee entfernt ist der Touristenrummel vorbei.**

Setzen Sie sich in eine der Bars der Plaza Trinidad zu Füßen der Kirche gleichen Namens, und schauen Sie den Cordobesen bei ihren immer lautstarken Unterhaltungen zu. Verlieren Sie sich anschließend in den zahllosen Straßen der Innenstadt, die Sie nie dort hinführen, wo Sie eigentlich landen wollten, dafür jedoch mit unerwarteten Entdeckungen belohnen.

Die Mezquita aber ist allein schon einen Besuch der Stadt wert. Sie ist das Vermächtnis der Araber, die Córdoba um die erste Jahrtausendwende zu einer der bedeutendsten Städte der damaligen Welt erblühen ließen. Córdoba wäre 2016 gerne Kulturhauptstadt geworden. Sie zeigt sich an vielen Ecken frisch renoviert und wird Ende 2013 auch ein Zentrum für zeitgenössische Kunst haben. Der *Espacio Andaluz de Creación Contemporánea* (kurz C4) liegt auf der anderen Flussseite.

SEHENSWERTES

ALCÁZAR DE LOS REYES CRISTIANOS
Alfons XI. ließ im 14. Jh. den Palast der Christlichen Könige bauen, nachdem Ferdinand der Heilige 1236 fünf Jahrhunderte arabischer Herrschaft in Córdoba beendet hatte. Ungewöhnlich für einen christlichen Palast jener Zeit sind die *Baños Reales* (Königliche Bäder), eingerichtet nach maurischem Vorbild *(Eintritt 2,25 Euro)*. Die *Torre de la Inquisición* erinnert an die dunkle Geschichte des Palasts, der von 1482 bis 1821 als Sitz der Inquisition in Córdoba diente. Zu besichtigen sind heute auch Funde aus römischer Zeit wie Mosaiken und ein Sarkophag. Am Ende des Rundgangs durch den Alcázar lädt ein schön angelegter Garten zum Bummeln und Entspannen ein. *Sommer Di–Sa 8.30–14.30, Winter*

CITY **WOHIN ZUERST?**
Ronda Isasa: Um Córdoba und die Mezquita zu besichtigen und einen Spaziergang durch die Gassen der Judería zu machen, parken Sie am besten an der Ronda Isasa entlang des Guadalquivir oder im Parkhaus am Paseo de la Victória. Vom Hauptbahnhof aus nehmen Sie z. B. die Buslinie 3 bis zur Glorieta de Media Luna und gehen von dort aus in die Altstadt.

Typisch für Córdoba: Haus mit üppigem Blumenschmuck

Di–Sa 8.30–19.30, So ganzjährig 9.30–14.30 Uhr | Eintritt 4,50 Euro, Di–Fr 8.30–10.30 Uhr Eintritt frei | von März bis Sept. zusätzlich ab 21 Uhr Licht- und Tonschauspiele, Eintritt 6,80 Euro

INSIDER TIPP CAPILLA MUDÉJAR

Endlich ist die kleine Kapelle mit ihrem wunderbaren Mudéjar-Dekor geöffnet. Die Bestattungskapelle aus dem frühen 15. Jh. ist reich mit Azulejos und Stuck verziert. Überraschend sind kufische Inschriften, eine arabische Schriftform. *10.30–13.30 und 17.30–20.30, im Winter 10.30–13.30 und 15.30–18.30 Uhr, So-Nachmittag und Mo-Vormittag geschl. | Eintritt frei | Plaza Maimónides*

CASA DE SEFARAD

Das Leben der Sephardim (spanische Juden, die seit 1492 im Exil lebten) wird in einem historischen Gebäude der Judería lebendig. Interessante Ausstellungsstücke, schöne Bibliothek; gelegentlich finden auch Konzerte statt. *Mo–Sa 11–18, So 11–14 Uhr | Eintritt 4 Euro | www.casadesefarad.com*

JUDERÍA

Zur Zeit des Kalifats Mitte des 10. Jhs. zogen viele Juden nach Córdoba in die Straßen rund um die Mezquita. Die Zeit religiöser Toleranz endete im 14. Jh. unter christlicher Herrschaft. 1391 fanden die schlimmsten Pogrome statt; unter den Katholischen Königen wurden 1492 die verbliebenen Juden endgültig vertrieben. Heute ist das ehemalige Judenviertel Unesco-Welterbe und von Touristen überlaufen. Enge Straßen, weiß gekalkte Häuser und nach Blumen duftende Höfe erfreuen die Sinne. Kein Córdoba-Besuch ohne einen Abstecher in die *Calleja de las Flores*, das „Blumengässchen". In der *Calle Judíos 20* ist die einzige erhaltene Synagoge Andalusiens zu besichtigen, 1315 unter der Herrschaft Alfons' XI. im Mudéjarstil errichtet. *Di–Sa 9.30–14,*

Prachtvoll und beeindruckend: so präsentiert sich die Säulenhalle in der Mezquita

15.30–17.30, So 9.30–17 Uhr | Eintritt für EU-Bürger frei

MEZQUITA ★ ●

Wer das Innere der Moschee durch die Puerta de las Palmas betritt, findet sich mit einem Mal in einem Zauberwald aus steinernen Säulen wieder, doppelt überspannt von langen Reihen rot-weißer Bögen. Die annähernd quadratische Mezquita scheint auf den ersten Blick in perfektem Gleichmaß errichtet zu sein. Doch mit jedem Schritt, den Sie als Besucher tun, gibt sie ihre Vielgestaltigkeit preis. Die maurischen Herrscher Córdobas begannen mit dem Bau der Moschee 785 an Stelle einer Basilika, die sie den Christen abgekauft hatten. Ihre heutigen Ausmaße erreichte die Mezquita erst um die erste Jahrtausendwende nach drei großen Erweiterungen. Durchwandern Sie die Anlage gegen den Uhrzeigersinn, so folgen Sie ihrer Chronologie. Die Säulen im ersten Viertel hinter dem Eingang entstammen römischen und westgotischen Bauten; die Bögen darüber sind aus weißgelbem Sandstein und roten Ziegeln zusammengesetzt. An der Südostseite, dem Eingang gegenüber, findet sich der *Mihrab*, die prächtige Gebetsnische, die während der zweiten großen Erweiterung Mitte des 10. Jhs. entstand. Der letzte Bauabschnitt, der die Mezquita nach Nordosten ausdehnte, ist der anspruchsloseste; die Bögen über den Säulen sind hier nur noch bemalt.

Die Christen nutzten die Mezquita nach der Eroberung Córdobas 1236 als Kirche. Das märchenhafte Gebetshaus gefiel ihnen. Während der folgenden 300 Jahre begnügten sie sich damit, kleinere Kapellen einzufügen, die den Gesamteindruck der früheren Moschee kaum berührten. Doch der Bischof Alonso Manrique drängte im 16. Jh. auf den Bau einer Kathedrale. Gegen den heftigen Protest der Bevölkerung wurde der Mezquita eine Renaissancekirche eingepflanzt. Bis

heute hat niemand gewagt, das Ergebnis dieses architektonischen Frevels wieder zu beseitigen. *März–Okt. Mo–Sa 10–19, So 8.30–10 und 14–19, Nov.–Feb. Mo–Sa 10–17, So 8.30–10 und 14–17 Uhr | Eintritt 8 Euro | Messe Mo–Sa 8.30, So 11 Uhr*

MUSEO ARQUEOLÓGICO

Córdobas faszinierendes Archäologisches Museum bietet Keramik aus dem Neolithikum, Kalksteinskulpturen der Iberischen Kultur (6.–3. Jh. v. Chr.), römische Mosaike und islamische Kunst aus der Blütezeit Córdobas um die erste Jahrtausendwende. *Di 14.30–20.30, Mi–Sa 9–20.30, So 9–14.30 Uhr | Eintritt für EU-Bürger frei | Plaza de Jerónimo Páez 7*

MUSEO DE BELLAS ARTES

Das Museum wurde 1862 vom Vater des Malers Julio Romero de Torres gegründet. Zu sehen sind spanische Meister wie Murillo, Ribera, Zurbarán, Goya. *Di 14.30–20.30, Mi–Sa 9–20.30, So 9–14.30 Uhr | Eintritt für EU-Bürger frei | Plaza del Potro*

PALACIO DE LOS MARQUESES DE VIANA

Córdobas prachtvollster Adelspalast geht auf das 14. Jh. zurück und ist immer wieder erweitert worden. Heute umschließt er zwölf Höfe und einen Garten. *Juni–Sept. Di–Fr 10–19, Sa–So 10–15 Uhr | Eintritt 8 Euro, nur die Höfe 5 Euro | Plaza Don Gome 2*

PLAZA DE LOS DOLORES

Auf dem kleinen „Schmerzensplatz" ist ein steinerner Christus *(Cristo de los Faroles)* von merkwürdigen schmiedeeisernen Laternen umringt.

PLAZA DEL POTRO

Gemütlicher Dorfplatz mitten in der Stadt, beherrscht von der Fassade des *Museo de Bellas Artes* im plateresken Stil, einem Baustil der spanischen Spätgotik. Das sich aufbäumende Fohlen über dem Renaissancebrunnen in der Platzmitte ist ein Wahrzeichen Córdobas. In der angrenzenden *Posada del Potro* (15. Jh.) übernachtete einst Cervantes, der sie in seinem „Don Quijote" verewigte.

TORRE DE LA CALAHORRA

In dem ehemaligen Festungsturm (1369) ist das populäre „Museum der drei Kulturen" untergebracht, das Besuchern das Leben von Moslems, Christen und Juden zur Zeit des Kalifats nahe bringt – allerdings eher romantisch verklärend als wirklich informativ. Von hier aus bietet sich ein Postkartenblick über den Guadalquivir und die *Puente Romano* – die Römische Brücke, die auf Fundamenten aus der Zeit des Kaisers Augustus ruht – sowie auf die Mezquita. *Mai–Sept. tgl. 10–14 und 16.30–20.30, Okt.–April 10–18 Uhr | Eintritt 4,50 Euro*

ESSEN & TRINKEN

INSIDER TIPP AMALTEA

Hier gibt es moderne mediterrane Küche und – selten in Andalusien – leckere Salate. An der Uferstraße des Guadalquivir. *So-Abend geschl. | Tel. 9 57 49 19 68 | Ronda de Isasa 10 | www.amaltea.es |* €–€€

BODEGAS CAMPOS

Der 1908 gegründete Weinkeller ist heute ein labyrinthisches Restaurant rund um mehrere Innenhöfe. Exquisite Cordobeser Küche. *So-Abend geschl. | C/Los Lineros 32 | Tel. 9 57 49 75 00 |* €€€

CASA PEPE DE LA JUDERÍA

Hier gibt es traditionelle Küche und sehr gute Tapas in gemütlichem Ambiente. *Tgl. | C/Romero 1 | Tel. 9 57 20 07 44 |* €€–€€€

EL CHURRASCO ●

Die Antiquitäten sind es, die dem Restaurant in Mezquita-Nähe seine besondere Atmosphäre geben. Heiß geliebt sind die Steaks von Rindern aus dem Pedroches-Tal. *C/Romero 16 | Tel. 9 57 29 08 19 | www.elchurrasco.com |* €€€

EINKAUFEN

Der *Zoco Municipal*, eine Markthalle für kunsthandwerkliche Erzeugnisse gegenüber der Synagoge, sieht auf den ersten Blick nach einer Touristenfalle aus, ist aber keine. Filigrane Silberarbeiten, für die Córdoba berühmt ist, finden Sie in der *Joyería Maimónides (Calle Romero 5)*. Lederwaren kaufen die Cordobesen bevorzugt in der Werkstatt von *Cordobán Meryan (Calleja de las Flores 2)*. Eine Alternative zu den Souvenirshops des jüdischen Viertels ist die *Calle Cardenal González* unterhalb der Mezquita mit einigen netten Boutiquen.

FREIZEIT

HAMMAM BAÑOS ÁRABES ●

Das Hamam in Córdoba zählt zu den schönsten seiner Art. Arabisch inspirierte Wellness-Oase mit temperierten Bädern und Massageanwendungen. *Zugang alle zwei Stunden 10–22 Uhr | Eintritt 23, mit Massage 33 Euro | C/Corregidor Luis de la Cerda 51 | Tel. 9 57 48 47 46 | www.hammamalandalus.com*

AM ABEND

Schick und angesagt ist das neue Lounge- und Nachtcafé *Sojo Ribera* auf dem Dach des Parkhauses *La Herradura (Paseo de la Ribera 1 | an der Guadalquivirbrücke Miraflores)*. Ebenfalls schick und vor allem cool ist auch die neue Gastrobar INSIDER TIPP *Fusion* einige Schritte weiter an der Ecke zur Plaza del Potro. Kneipentreffpunkte in der Altstadt sind die *Plaza de la Corredera* und die *Avda. Gran Capitán* auf Höhe der Kirche San Hipólito. ● Ein gutes Flamenco-Programm gibt es im *Tablao Cardenal (Feb.–Nov. Mo–Sa 22.30 Uhr | Eintritt 20 Euro | C/Torrijos 10)*. In Sommernächten finden die INSIDER TIPP Flamenco-Konzerte des *Tablao Cardenal* mit renommierten Musikern im Innenhof des *Palacio Episcopal* statt. In den Wintermonaten weicht man auf einen Gewölbesaal des Palasts aus.

ÜBERNACHTEN

ALBUCASIS

Familiäres Zwei-Sterne-Haus außergewöhnlich gelegen in der Judería. *15 Zi. | C/Buen Pastor 11 | Tel. 9 57 47 86 25 | www.hotelalbucasis.com |* €–€€

INSIDER TIPP CASA DE LOS AZULEJOS

Schön gestaltete Zimmer in einem Haus aus der Kolonialzeit; nette Bibliothek. In der Nähe der römischen Ruinen und des Rathauses. *8 Zi. | Fernando Colón 5 | Tel. 9 57 47 00 00 | www.casadelosazulejos.com* | €€

HACIENDA POSADA DE VALLINA

Die Lage des Hauses ist perfekt. Ganz nah an der Mezquita und trotzdem in einer ruhigen Nebengasse. Die Zimmer sind klassisch und komfortabel eingerichtet, nur etwas klein. *21 Zi. | C/Corregidor Luis de la Cerda 83 | Tel. 9 57 49 87 50 | www.hhposadadevallina.es* | €€

HOSPES PALACIO DEL BAILÍO

Das schönste Hotel Córdobas liegt am Nordrand der Altstadt. Der Palastkomplex mit romantisch-zeitgenössischem Interieur umschließt vier stimmungsvolle Patios. *53 Zi. | Ramírez de las Casas Deza 10–12 | Tel. 9 57 49 89 93 | www.hospes.es* | €€€

MAESTRE

Hotel und Hostal in direkter Nachbarschaft. Angenehme Atmosphäre. *46 Zi. | C/Romero Barros 4/6 | Tel. 9 57 47 24 10 | www.hotelmaestre.com* | €

AUSKUNFT

OFICINA DE TURISMO

C/Rey Heredia 22 | Tel. 9 57 20 17 74; Turismo de Andalucía | C/Torrijos 10 (gegenüber der Mezquita) | Tel. 9 57 35 51 79 | www.turismodecordoba.org

Weitere Infostände am Bahnhof, an der Plaza de las Tendillas und beim Alcázar.

ZIELE IN DER UMGEBUNG

ALMODÓVAR DEL RÍO

(139 D4) (*🕮 F–G 3*)

Das schön verschachtelte Städtchen im Guadalquivir-Tal (8000 Ew., 25 km westlich von Córdoba) wird überragt

Stolz und Anmut: Flamencotänzerin

von einer gewaltigen, rundum von Zinnen gekrönten, maurischen *Burg* aus dem 12. Jh. *(Mo–Fr 11–14.30 und 16–20 (im Winter 19), Sa–So 11–20 Uhr (im Winter 19 Uhr) | Eintritt 6,50 Euro | www.castillodealmodovar.com).* Gut essen zu vernünftigen Preisen können Sie im Restaurant *La Taberna (Mo, im Juli auch So geschl. | C/Antonio Machado 24 | Tel. 9 57 71 36 84 | www.latabernadealmodovardelrio.com* | €€*).*

MADINAT AL-ZAHRA ★

(139 D4) (*🕮 G3*)

Der Emir von Córdoba, Abd Ar Rahman III., Herrscher der Omaijaden-Dynastie, fühlte sich 929 so stark, dass er sich erlaubte, den Kalifentitel anzunehmen. Zur Demonstration seines Machtbewusstseins befahl er 936 den Bau eines neuen Regierungssitzes vor den Toren Córdobas: Madinat al-Zahra *(auch genannt: Medina Azahara)*. Ausgestattet mit verschwenderischem Luxus, entstand 10 km westlich von Córdoba eine märchenhafte Palaststadt, deren Ruf in alle Welt drang. Spannungen im neuen Kalifat führten dazu, dass Gegner der Omaijaden 1010 die gerade erst entstandene Pracht zerstörten. 1911 begannen die Ausgrabungen. Zwei Gebäude sind teilweise wieder aufgebaut worden und lassen die untergegangene Großartigkeit erahnen: der *Salón Rico* oder *Salón de Abd Ar Rahman III*. und das *Edifício Basilical Superior*. Die Besichtigung beginnt mit dem neuen Informations- und Forschungszentrum. Neben einem informativen Film sind ausgewählte Funde im hauseigenen Museum zu bestaunen. Auch lohnt ein Blick in den INSIDER TIPP Museumsshop mit internationaler Literatur über die muslimische Geschichte Spaniens. Vom Parkplatz fährt ein Shuttlebus *(2,10 Euro)* alle 30 Minuten zum Ausgrabungsgelände, das etwas oberhalb liegt. *Mai–Mitte Sept. Di–Sa 10–20.30, So 10–14, Mitte Sept.–April Di–Sa 10–18.30, So 10–14 Uhr | Eintritt für EU-Bürger frei | Sonderbus tgl. um 10 und 11 Uhr sowie einmal am Nachmittag ab Córdoba | 7,20 Euro | Abfahrt Avda. Alcázar und Paseo de la Victoria | Tickets: Tel. 9 02 20 17 74 oder bei der Touristeninformation am Bahnhof an der Plaza de las Tendillas oder am Campo Santo de los Mártires.*

INSIDER TIPP SIERRA SUBBÉTICA

(139 F5–6) *(H4)*

Auf der Plaza de la Paz, unter der Burg aus dem 9. Jh., stehen die Männer aus *Zuheros* (800 Ew.) und schauen über die Olivenhaine der Campiña zu ihren Füßen. Ganz und gar weiß klebt das Dorf an einem Hang der Sierra Subbética, des faszinierend kargen Berglands etwas abseits der Nationalstraße von Córdoba nach Granada, das von den meisten Reisenden links liegen gelassen wird. Die Eiligen verpassen verträumte Dörfer wie *Zuheros* und *Luque* sowie die erstaunlich prachtvollen Barockbauten der *Ruta del Barroco*. Hauptort der Sierra Subbética ist *Priego de Córdoba* (23 500 Ew., 104 km südöstlich von Córdoba), dessen weiße Altstadt romantisch auf einem Felsplateau thront. Im Schatten der arabischen Burg liegt das gemütliche Restaurant *El Aljibe (Mo geschl. | C/Abad Palomino 7 | Tel. 9 57 70 18 56 | €–€€)*. Nicht weit, im Gewirr der Altstadtgassen, finden Sie die schönste Pension der Gegend: *La Posada Real (7 Zi. | C/Real 14 |*

Tel. 9 57541910 | www.laposadareal.com | €). Feinste ökologische extranative Olivenöle bekommt man bei *Vizcántar (Ctra. Zagrilla | Priego de Córdoba)* und in Baena bei *Núñez del Prado (Avda. de Cervantes 15)*. Die Ölmühlen können besichtigt werden. Am Nordrand der Sierra führt auf einer ehemaligen Bahntrasse der Radweg *Vía Verde de la Subbética (siehe S. 109)*. Auskunft: *Oficina de Turismo (Plaza de la Constitución 3 | Tel. 9 57700625 | www.turismodepriego.com)*

HUELVA

(136 B4) *(B5)* **Die Provinzhauptstadt (149 000 Ew.) kann auf eine fast ebenso lange Geschichte zurückblicken wie Cádiz. Von Palos de la Frontera startete Kolumbus zu seinen Entdeckungsfahrten.**

Huelva ist das Wirtschaftszentrum der westlichen Costa de la Luz. Während der Diktatur Francos wurde Huelva zu einem Zentrum der petrochemischen Industrie ausgebaut. Wirtschaftlich bedeutsam sind auch die Fischereiflotte und die Erdbeerplantagen im Umland. Trotz fehlender bedeutender Sehenswürdigkeiten – Schuld daran trägt das Erdbeben von 1755, das auch Lissabon verwüstete – besitzt die Stadt eine angenehme und lebendige Normalität.

Sich soweit abseits der Touristenrouten zu befinden, wird manchem Reisenden willkommen sein, denn das Umland hat einen ganz anderen Charakter als die östlicheren Regionen Andalusiens. Einzigartig sind die nahezu unberührten Dünenlandschaften und das Marschland *(marismas)* des Nationalparks Coto de Doñana. Eine Episode der Weltgeschich-

Über 1000 Jahre alt: der Kalifenpalast Medina Azahara bei Córdoba

Lebendige Atmosphäre auf der Plaza de las Monjas in Huelva

te ereignete sich in Palos de la Frontera. Vom einstigen Fischerdorf stach Kolumbus zu seinen ersten Entdeckungsfahrten nach Amerika auf. Kilometerlange Sandstrände säumen den Küstenabschnitt der Provinz.

SEHENSWERTES

BARRIO REINA VICTORIA

Nördlich des Zentrums, zwischen den Avenidas *Alcalde Federico Molina* und *Guatemala*, liegt die architektonisch interessante ehemalige englische Arbeitersiedlung Reina Victoria. Die Siedlung wurde 1917 von der englischen Minengesellschaft *Riotinto* erbaut.

ESSEN & TRINKEN

PORTICHUELO

Das Restaurant liegt direkt in der Innenstadt, nahe dem Gran Teatro. Es ist bekannt für seine solide und sehr gute Küche. Auch für den kleinen Hunger lohnt sich der Weg durchaus, denn die Tapas sind von wirklich ausgezeichneter Qualität. *So geschl. | C/Vázquez López 15 | Tel. 9 59 24 57 68 |* €€

ÜBERNACHTEN

TARTESSOS

Obwohl es sehr zentral gelegen ist, wohnt man in diesem Vier-Sterne-Haus äußerst ruhig und komfortabel. Die gute Businessausstattung und ein Fitnessraum ergänzen den Servicebereich. Gegen Gebühr Fahrradverleih und Putting Green. *100 Zi. | Avda. Martín Alonso Pinzón 13 | Tel. 9 59 28 27 11 | www.eurostarstartessos.com |* €€

AUSKUNFT

OFICINA DE TURISMO

Plaza Alcalde Coto Mora 2 | Tel. 9 59 65 02 00; Plaza de las Monjas | Tel. 9 59 25 12 18 | www.turismohuelva.org

ZIELE IN DER UMGEBUNG

AYAMONTE (136 A4) (*A5*)

Die Galerien der alten Lagerhallen längsseits des Río Guadiana erzählen von den Zeiten, als die Waren von und nach Portugal per Fähre transportiert wurden. Heute läuft fast alles über die Autobahn, die auf einer langen Hängebrücke über den Fluss gebaut wurde. Im hübschen Zentrum der 20 000-Einwohner-Stadt (50 km westlich von Huelva) mit seinen autofreien Gassen spürt man die Nähe zu Portugal. Die Bewohner vom gegenüberliegenden Vila Real kommen gerne zum Einkaufen. Ein schöner Blick über die Stadt und die Flussmündung bietet sich von der Terrasse des modernen *Parador de Ayamonte (Avda. de la Constitución | Tel. 9 59 32 07 00 | www.parador.es | €€)*. Die *Casa Barberi (Paseo de la Ribera 12 | 9 59 47 02 89 | €€)* gibt es schon seit 1917. Lecker sind die Fisch- und Reisgerichte. Zum Baden müssen Einheimische wie Gäste in die 7 km entfernte *Urbanisation Isla Canela* fahren. Bei den Hotel- und Apartmentanlagen wurde zumindest versucht, die Monotonie anderer Retortensiedlungen zu vermeiden. Hauptattraktion ist ohnehin der gewaltige Strand mit einer weit ins Meer laufenden Sandbank. Auskunft: *Oficina de Turismo (C/Huelva 27 | Tel. 9 5 93 20 73)*

PALOS DE LA FRONTERA UND DIE KOLUMBUSROUTE (136 B4) (*B5*)

Vom weißen Dorf an der Mündung des Río Tinto (13 km südöstlich von Huelva) startete Christoph Kolumbus (span. Cristóbal Colón) am 3. August 1492 zu seiner ersten Entdeckungsreise, die ihn über die Westpassage nach Indien bringen sollte. In der *Iglesia San Jorge* wurde die letzte Messe für den Abenteurer gehalten. Das Schiff lag etwas unterhalb vor Anker. Wegen der Verlandung gibt es den Hafen heute nicht mehr. Nach seiner Flucht aus Portugal war die erste Station des Genuesers 1485 das *Monasterio de La Rábida (Di–Sa 10.30–13 und 16–18.15, Juli bis 19, Aug. bis 20, So 10.45–13 Uhr | Eintritt 3 Euro)*. Hier klopfte er mit seinem Sohn erschöpft an die Pforten. Später wurde hier die erste Reise geplant. Sehenswert ist eine Marienfigur aus Alabaster (14. Jh.). Im Kapitelsaal diskutierte Kolumbus seine Ideen mit den Patres. Am Fuß des Hügels befindet sich der botanische Garten *Jardín Botánico José Celestino Mutis* mit einer iberisch-lateinamerikanischen Pflanzenwelt. Hauptattraktion der *Muelle de las Carabelas (Juni–Sept. Di–Fr 10–14 und 17–21, Sa und So 11–20, Okt.–Mai Di–So 10–19 Uhr | Eintritt 3,55 Euro | www.turismohuelva.org)* sind die Nachbauten der drei Kolumbusschiffe. Ein mittelalterliches Dorf und einige Indianerhütten sorgen fürs Zeitkolorit, während das Haupthaus mit Karten und Infotafeln Fakten der drei Forschungsreisen von Kolumbus liefert.

Übernachten können Sie im Nachbarort *Moguer*, ein Pueblo Blanco, das auch zur Kolumbusroute gehört. Um drei Patios fügt sich das angenehme Landhotel *Plaza Escribano (20 Zi. | Tel. 9 59 37 30 63 | C/Lora Tamayo 5 | www.hotelplazaescribano.com | €)*.

PARQUE NACIONAL COTO DE DOÑANA ★ (137 D5–6) (*C5*)

Im Mündungsgebiet des Guadalquivir (65 km östlich von Huelva) können Sie eine der wertvollsten Naturlandschaften Europas erleben: den Nationalpark Coto de Doñana. Hinter mächtigen Wanderdünen bieten dauernd überschwemmte Landstriche, die *marismas*, ideale Lebensbedingungen für über 300 Vogelarten, vom Purpurreiher bis zum Säbelschnäbler. Auf 54 000 ha lässt der

Mensch die Natur in Ruhe. So haben hier auch Kaiseradler und Iberischer Luchs einen Rückzugsort gefunden. Jahrhundertelang war Doñana Jagdrevier *(coto)* der Mächtigen, bis Biologen in den 1950er-Jahren den großen ökologischen Wert der Region erkannten. Seit 1969 besteht der Nationalpark. 1994 wurde er von der Unesco zum Welterbe der Menschheit erklärt. Im Frühjahr 1998 brach oberhalb des Parks ein Auffangbecken für giftige Minenschlämme und verseuchte auf rund 50 km Länge den Doñana-Zufluss Guadiamar.

Die Ruhe Doñanas wird zweimal täglich von röhrenden Geländebussen gestört, die Besucher durch den südlichen Teil des Parks schaukeln. Der aufregende vierstündige Ausflug lohnt sich *(Mai–Mitte Sept. Mo–Sa 8.30 und 17, Mitte Sept.–April Di–So 8.30 und 15 Uhr | Eintritt 29,50 Euro | Abfahrt im Besucherzentrum Acebuche am westlichen Rand Doñanas | Tel. 959430432)*. Das *Infozentrum (www.donanavisitas.es | www.donana.es)* ist tgl. 8–19 Uhr geöffnet. Weitere Besucherzentren sind *La Rocina (A 483, km 16)* und *Centro de Visitantes Palacio del Acebrón (A 483, km 16). Beide im Sommer tgl. 9–15 und 16–21, sonst bis 19 Uhr geöffnet*. Spazierwege führen jeweils in die Randbereiche des Nationalparks.

INSIDER TIPP PLAYA DE MAZAGÓN
(136 C5) (*🗺 B5*)

Die Feriensiedlung *Matalascañas* wurde Ende der 1960er-Jahre am Südwestrand des heutigen Nationalparks Doñana an der Costa de la Luz aus dem Boden gestampft. Im *Parque Dunar* am Ortsrand in Richtung Mazagón erklärt das *Museo del Mundo Marino* anschaulich Aspekte des Lebens im und mit dem Meer. *(Das Museum ist wegen Geldmangels vorübergehend geschl. Nähere Infos bei der Touristeninformation an der Avda.*

BÜCHER & FILME

▶ **Der polnische Reiter** – Antonio Muñoz Molina, der erfolgreichste andalusische Schriftsteller der Gegenwart, beschreibt in seinem Roman Kindheit und Jugend in einem andalusischen Dorf

▶ **Die Pfeiler des Glaubens** – Der fast 1000-seitige Wälzer des Erfolgsautors Ildefonso Falcones führt ins Andalusien des 16. Jhs. Die Mauren kämpfen gegen ihre Unterdrückung und der Held um sein Leben und seine Liebe

▶ **Andalusisches Requiem** – In seinem vierten Fall hat es Javier Falcón mit einem Terroranschlag in Sevilla zu tun. Krimiunterhaltung von Robert Wilson

▶ **Playa del Futuro** – Liebesgeschichte vor grandioser Kulisse. Das melancholische Filmvergnügen von Peter Lichtefeld setzt auf den Zauber der Landschaften Ostandalusiens (Deutschland 2005)

▶ **Knight and Day** – Die Actionkomödie wurde zum Teil in Andalusien gedreht. Tom Cruise und Cameron Diaz jagen durch die Altstadt von Cádiz und Sevilla (USA 2010)

▶ **Flamenco Flamenco** – Carlos Saura bringt wieder einmal die besten Musiker und Tänzer auf die Leinwand: Paco de Lucía, Sara Baras, Eva Yerbabuena ... (Spanien/Dt. 2010/2012)

Spaniens wichtigstes Feuchtgebiet: Nationalpark Coto de Doñana

de las Adelfas, Matalascañas | www.parquedunar.es)

Wer den spanischen Massentourismus meiden möchte, findet nur ein kleines Stück weiter westlich, zwischen Matalascañas und Mazagón, einen 23 km langen, bis zu 120 m breiten, fast unberührten Sandstrand. Dieser liegt einmalig zu Füßen der über 100 m hohen Sandklippen am Rand einer zum Stillstand gekommenen Wanderdüne.

An den Strand gelangen Sie zu Fuß über einen 1200 m langen Steg durch die Düne vom *Parkplatz Cuesta Maneli (an der Landstraße A 494 bei km 39 zwischen Matalascañas und Mazagón)* oder über die Zufahrt zum Parador von Mazagón (20 km südöstlich von Huelva).

Der schöne *Parador (63 Zi. | Ctra. A 494, km 30 | Tel. 9 59 53 63 00 | www.parador.es | €€€)* etwas außerhalb von Mazagón wurde Ende der 1960er-Jahre inmitten des Pinienwaldes über dem Abhang zum Meer errichtet.

EL ROCÍO (137 D5) (*🗺 C5*)

Der berühmte Wallfahrtsort (1600 Ew., 65 km östlich von Huelva) strahlt mit seinen Sandwegen und den Holzveranden vor den Häusern Wildwestcharme aus. In der schlichten, weißen Wallfahrtskirche leuchten die goldenen Gewänder der Virgen del Rocío. Die erste Kapelle wurde in den letzten Jahren des 13. Jhs. zu Ehren der Jungfrau vom Morgentau errichtet. Der aktuelle Tempel stammt aus dem Jahr 1961.

Rund 100 Bruderschaften *(hermandades)* pilgern an Pfingsten nach El Rocío, begleitet von bis zu einer Million Menschen. Gleich hinterm Dorf waten Flamingos durch die *marismas*.

Gute regionale Küche zu moderaten Preisen bekommen Sie im Restaurant *Toruño (Di geschl. | Plaza del Acebuchal s/n | Tel. 9 59 44 24 22 | €€)*.

Nebenan liegt das gleichnamige Hotel in der typischen Bauweise des Dorfes El Rocío *(30 Zi. | Plaza del Acebuchal 22 |*

Pferdekutschen vor der weißen Wallfahrtskirche von El Rocío

Tel. 9 59 44 23 23 | www.toruno.es | €€, in der Pfingstwoche erheblich teurer | Reservierung notwendig).

SEVILLA

KARTE IM HINTEREN UMSCHLAG

(137 E4) (*D4*) **Auf der Avenida de la Constitución schlängeln sich junge Mopedfahrer in Jeans und T-Shirt durch den nachmittäglichen Verkehr.**

Das nicht abreißende Knattern der Zweitaktmotoren gehört zur Musik der Stadt wie das Trappeln der Kutschpferde, der Flamenco aus den Lautsprechern der Bars und die lang gezogenen Rufe der blinden Losverkäufer. Die 700 000-Einwohner-Stadt, nach Madrid, Barcelona und Valencia die viertgrößte Spaniens, vibriert. Doch nie verfallen die Sevillaner in Hektik. Die Sonne, die mittags gnadenlos weiß am Himmel steht und abends ihren sanften rötlichen Schleier über die Straßen legt, dämpft jede Unrast. Rund um die Giralda – das Wahrzeichen der Stadt, ursprünglich ein Minarett, das zum Glockenturm der Kathedrale verwandelt wurde – liegt ein Puzzle aus Gassen, Plätzen, Monumenten, üppigen Gärten und von Dachterrassen gekrönten Wohnhäusern. Seine stolzesten Tage erlebte *Sevilla* unter der Herrschaft des Berbervolkes der Almohaden um die erste Jahrtausendwende und gut 500 Jahre später im Fieber der Entdeckung und Ausbeutung Lateinamerikas. Doch die Stadt lebt nicht allein von vergangener Größe. Mit der Expo 1992 zog Sevilla die Aufmerksamkeit der Welt auf sich. Für die Ausstellung wurde auf der Halbinsel La Cartuja ein neuer Stadtteil geschaffen. Dort findet seit 2004 auch die Biennale für zeitgenössische Kunst (BIACS) statt. Unter den alten Gassen rollt seit 2009 eine Metro durch den Untergrund, während

darüber die Sevillaner dank praktischer Mieträder das Radfahren gelernt haben. Außerhalb der Stadt speist ein neuartiges Thermosolarkraftwerk Sonnenenergie ins Netz. In Sevilla tut sich was. Das merkt man auch an den coolen Bars und den Szeneläden, auf die man in *La Macarena* oder im Stadtteil *Triana* trifft, und vor allem an den vielen jungen Reisenden, die es in die Hauptstadt zieht.

WOHIN ZUERST?

Innenstadt: Sie orientieren sich an der Giralda und der Kathedrale. Dort finden sich die Reales Alcázares, das Indienarchiv und das Barrio Santa Cruz mit vielen Tapas-Bars. Zum Guadalquivir und dem Torre de Oro ist es nicht weit. Autofahrer steuern ein Parkhaus an – einfach zu finden ist das am Paseo Colón. In der Nähe der Kathedrale verkehren die Buslinie C5 und die Tramlinie 1.

SEHENSWERTES

ARCHIVO GENERAL DE INDIAS

Nachdem Kolumbus 1492 im Auftrag der spanischen Krone gen Westen gesegelt war, um einen neuen Weg nach Indien zu finden, und dabei zufällig Amerika entdeckt hatte, entwickelte sich Sevilla zum Zentrum des Handels zwischen Neuer und Alter Welt. Die Eroberung Amerikas und der interkontinentale Handel sind im Generalarchiv (Neu-)Indiens dokumentiert. *Mo–Sa 9.30–16.45, So 10–14 Uhr | Eintritt frei | Plaza del Triunfo*

AYUNTAMIENTO

Das Rathaus aus dem 16. Jh. ist zur Seite der Plaza San Francisco prächtig im Stil der spanischen Spätgotik gestaltet, während die Hauptfassade hin zur Plaza Nueva nach einem Ausbau schlichter klassizistisch geriet. *Führungen Sept.–Juli Di–Do 17.30 und 18, Sa 12 Uhr | Eintritt frei*

BARRIO SANTA CRUZ ★

Das märchenhafte Stadtviertel im Schatten der Reales Alcázares lädt dazu ein, sich ein paar Stunden ohne Stadtplan in seinen weißen Gassen zu verlieren, ungestört in einer der Bars einen Kaffee zu trinken oder in kleinen Läden zu stöbern. Der schönste der vielen Plätze ist gar keiner: In der *Calle Lope de Rueda* verwandeln Topfpflanzen die Straße in einen gemütlichen Hof für einen Plausch. Zur Geschichte des alten Judenviertels gehören ein Pogrom (1391) und die Vertreibung seiner Bewohner 1492.

CASA DE PILATOS ●

Das Haus des Pilatus ist ein fantastischer Stadtpalast, Ende des 16. Jhs. im Mudéjarstil erbaut. *April–Okt. tgl. 9–19, Nov.–März tgl. 9–18 Uhr | Eintritt EG 6 Euro, ganzer Palast 8 Euro, Mi 15–19 Uhr gratis | Plaza de Pilatos*

CATEDRAL UND GIRALDA ★

„Errichten wir eine so große Kirche, dass uns die Nachwelt für verrückt erklärt." Die Bauherren der Kathedrale von Sevilla (15. Jh.) sind dieser Vorgabe eines Kapitelherrn gefolgt und schufen den größten gotischen Kirchenbau der Welt. Hinterm Südeingang halten vier steinerne Träger einen Sarkophag, der seit 1902 die Gebeine von Kolumbus bewahrt. Dass es sich tatsächlich um die Gebeine des Entdeckers handelt, wurde 2006 per DNS-Test belegt. Allerdings ist das Skelett nicht vollständig. Höhepunkt im Innern der Kirche ist der in hundertjähriger Arbeit entstandene Hochaltar mit seinem Schwindel erregenden Formenreichtum. Die Kathedrale wurde, wie fast immer in Andalusien, an Stelle einer Moschee errichtet, von der noch der Orangenhof und die *Giralda*, ein Minarett aus dem 12. Jh., übrig sind. Dem Minarett wurde während des Umbaus zum Glockenturm im 16. Jh. eine Spitze im Renaissancestil aufgesetzt, gekrönt von einer 4 m hohen Figur mit Standarte und Palmenzweig in Händen. Dieser *Giraldillo* dreht sich im Wind *(girar:* spanisch für drehen*)* und gab dem gesamten 97 m hohen Turm seinen Namen. Der Aufstieg über eine Rampe zur Spitze der Giralda wird mit den besten Ausblicken über das alte Sevilla belohnt. *Mo–Sa 11–17.30 (Juli/Aug. 9.30–16.30), So 14.30–18.30 Uhr | Eintritt Kathedrale mit Giralda 8 Euro | www.catedraldesevilla.es*

HOSPITAL DE LA CARIDAD

Sevillaner Maler, u. a. Murillo und Valdés Leal, schufen im 17. Jh. für das Hospital der Barmherzigkeit eine Reihe von sehenswerten Gemälden über die Vergänglichkeit allen Seins. *Mo–Do 9–19, Fr u. Sa 9–13 und 15.30–19, So 9–13 Uhr | Eintritt 5 Euro | C/Temprado 3*

ISLA LA CARTUJA

Auf der „Kartäuserinsel" feierten die Sevillaner 1992 ihre fröhliche Expo. Wo einst der Expo-See lag, vergnügen sich die Sevillaner heute im Freizeitpark *Isla Mágica*. Die *Puente del Alamillo,* eine der markanten Brücken des spanischen Stararchitekten Santiago Calatrava, überspannt ein Stück nördlich vom Freizeitpark, einer Riesenharfe gleich, den Guadalquivir. Südlich liegt das ehemalige Kartäuserkloster *Monasterio de Santa María de las Cuevas,* in dem das Andalusische Zentrum für Zeitgenössische Kunst *Centro Andaluz de Arte Contemporáneo (Di–Sa 11–20, April–Sept. 11–21, So immer 11–15 Uhr | Eintritt 3 Euro, Di für EU-Bürger frei | www.caac.es)* untergebracht ist. Südlich der *Puente de la Cartuja (Camino de los Descubrimientos 2 | Di–Sa 10–19.30, Sommer bis 20.30, So immer 10–15 Uhr | Eintritt 4,90 Euro | www.pabellondelanavegacion.es)* erhebt sich der 50 Meter hohe Turm des *Pabellón de la Navegación*. Auf die Aussichtsterrasse kommt man mit dem Ticket des Schifffahrtsmuseums.

METROPOL PARASOL

Das riesige Objekt auf der Plaza de la Encarnación ist Schattenspender, Markthalle und Aussichtsterrasse. *Las Setas* – die Pilze haben die Sevillaner die Konstruktion des deutschen Architekten Jürgen Mayer H. getauft. Vom Untergeschoss fährt ein Fahrstuhl in die Restaurant- und Aussichtsebene. Dort verläuft in 20 m Höhe ein geschwungener Rundweg mit toller Aussicht über die Altstadt. Bei den Bauarbeiten stieß man auf Mauerreste der Römerzeit. Im Antiquarium

Die Giralda, das einstige Minarett aus dem 12. Jh., überragt die Kathedrale von Sevilla

kann man nun im Untergeschoss durch die Ruinen Sevillas laufen, wie es etwa zwischen 30 bis 400 n. Chr. bestand. *Mo–Do 10.30–24, Fr/Sa bis 1 Uhr | Eintritt 1,35 Euro | Plaza de la Encarnación 35 | www.metropolsevilla.com*

MUSEO ARQUEOLÓGICO

Das Archäologische Museum, eingerichtet in einem Pavillon der Iberoamerikanischen Ausstellung von 1929, ist bekannt für seine Fundstücke aus Itálica, der römischen Siedlung im Nordwesten Sevillas, und den Goldschatz von El Carambolo aus dem 8. und 7. Jh. v. Chr. *Di–Sa 9–20.30, So 9–14.30 Uhr | Eintritt für EU-Bürger frei | Plaza de América*

MUSEO DEL BAILE FLAMENCO

Das historische Stadthaus im Barrio Santa Cruz führt multimedial in die Geschichte des Flamencos ein. Es gibt regelmäßige Veranstaltungen rund um den Flamenco sowie Flamencokurse. *Museum tgl. 9.30–19, Flamencoshow tgl. ab 19 Uhr | Calle Manuel Rojas Marcos 3 | Eintritt 10 Euro | www.museoflamenco.com*

MUSEO DE BELLAS ARTES ●

Das großartige Museum der Schönen Künste ist in einem Kloster aus dem 17. Jh. untergebracht. Schwerpunkt sind die Kunstwerke der spanischen Malerei aus dem 17. und 18. Jh. Das Museum birgt Schätze der Sevillaner Malschule von Zurbarán, Murillo und Valdés Leal. *Di–Sa 9–20.30, So 9–14.30 Uhr | Eintritt für EU-Bürger frei | Plaza del Museo 9*

PLAZA DE ESPAÑA

Ein kurzer Spaziergang hinaus aus dem Herzen der Altstadt führt Sie südlich zum ● *Parque de María Luisa,* der für die Iberoamerikanische Ausstellung 1929 angelegt wurde. Inmitten des Parks liegt unwirklich wie eine Filmkulisse die Plaza de España, abgeschlossen von einem prächtigen halbrunden Bau mit einem Durchmesser von 200 Metern. Seine Außenwände schmücken Kachelbilder mit Szenen aus der Geschichte der spanischen Provinzen. Auf den Bänken zu ihren Füßen lässt es sich wunderbar faulenzen.

REALES ALCÁZARES ★ ●

Die Königlichen Paläste führen Besucher beim ersten Hinsehen in die Irre: Nicht Araber ließen sie errichten, sondern der christliche Fürst Peter der Grausame (14. Jh.), der damit einst ein wahrhaft königliches Nest für sich und seine Geliebte María de Padilla schuf. Doch die Baumeister waren Mauren, gesandt von den nasridischen Herrschern aus Granada. So entstand das schönste Werk des Mudéjar-Stils, ein Märchen aus tausend und zwei Nächten. Zwischen verspielten arabischen Ornamenten finden sich immer wieder die Symbole des christlichen Spaniens: die Burg und der Löwe – doch ebenso das Motto des Nasridenkönigs in arabischer Schrift: „Es gibt keinen Sieger außer Allah." Höhepunkt im Inneren ist die *Sala de Embajadores* (Botschaftersaal) mit ihrer reich dekorierten Gewölbedecke. Aber allein die herrlichen Gärten sind den Besuch der Reales Alcázares wert: eine duftende Insel der Ruhe voller Wasserspiele und Kachelbänke inmitten der Großstadt.

Von Juli bis Mitte September locken die stimmungsvollen INSIDER TIPP „Nächte des Alcázar" mit Konzerten ab 22.30 Uhr. Eine Bar gibt es auch. Die Eintrittskarten für 4 Euro muss man tagsüber beim Alcázar kaufen. *April–Sept. tgl. 9.30–19, Okt.–März tgl. 9.30–17 Uhr | Eintritt 8,75 Euro | www.patronato-alcazarsevilla.es*

STIERKAMPFARENA REAL MAESTRANZA

Sevillas „Plaza de Toros" aus dem 18. Jh. ist mit 14 000 Sitzplätzen der größte Andalusiens und der bedeutendste Spaniens nach dem von Madrid. *Tgl. 9.30–19, Mai–Okt. 9.30–20, an Stierkampftagen 9.30–15 Uhr | Eintritt 7 Euro | Plaza de Toros | www.realmaestranza.com*

Farbenprächtige Kachelbilder zieren die Plaza de España

TORRE DEL ORO

Der Goldturm am Ufer des Guadalquivir entstand in maurischer Zeit um 1220 als Festungsturm. Das zweite Wahrzeichen Sevillas neben der Giralda war ursprünglich wohl mit vergoldeten Keramikplatten bedeckt. Heute beherbergt der Torre del Oro ein Marinemuseum. *Mo–Fr 9.30–18.45, Sa/So 10.30–18.45 Uhr | Eintritt 3 Euro*

TRIANA

Die Bewohner des Viertels westlich des Guadalquivir leben in einer eigenen Welt, aus deren Sicht Sevilla bestenfalls ein bedeutender Stadtteil jenseits des Flusses ist. In Triana steht die älteste Kirche Sevillas, die *Iglesia de Santa Ana* (1280). Ein Besuch des Viertels lohnt wegen des Nachtlebens und der Kunsthandwerkerläden.

ESSEN & TRINKEN

Eigentlich ist der Abend viel zu schade, um ihn in nur einem Restaurant zu verbringen. Machen Sie es wie die Sevillaner, gehen Sie auf Tapas-Tour. Gute Anlaufstellen sind die Gegend um das *Museo de Bellas Artes*, die Plätze Alfalfa und San Salvador und vor allem das *Barrio Santa Cruz*. Dort, in der *Calle Mateos*, reiht sich Bar an Bar. Ein Klassiker ist die *Cervecería Giralda (Mateos Gago 1 | So. geschl.)*. Unbeeindruckt von den Touristenströmen im *Barrio Santa Cruz* hält sich schon seit bald 150 Jahren die Bar *Las Teresas (Santa Teresa 2)*.

Erfolgreich gegen jeden Mode- oder Einrichtungstrend bewahrt *El Rinconcillo* seinen authentischen Charme. Die Tapasbar in der *Calle Gerona 40* soll die älteste ganz Andalusiens sein. Seit 1670 trinkt man hier ein Gläschen südspanischen Wein. Gourmetansprüchen werden die Tapas der INSIDER TIPP *Vinería San Telmo* gerecht *(Paseo Catalina de Ribera 4)*. Einen Besuch wert ist auch die gepflegt altmodische Bar *Hijos Morales (García de Vinuesa 11)* zwischen Kathedrale und La Maestranza. Für den kleinen Hunger oder um einfach eine Pause beim Einkaufen im Centro einzulegen, bietet sich die Bar *Patio San Eloy (C/San Eloy 9)* an , wo man sich mit seinem Teller auf eine Art Tribüne setzen kann. Immer eine Pause wert ist auch die charmante Café-Konditorei *La Campana (C/Sierpes 1)* mit ihren süßen Köstlichkeiten.

INSIDER TIPP ALBARAMA

Wer hätte gedacht, dass man mitten im Zentrum so gut und dazu in einem angenehm stylischen Interieur essen kann? Köstlich: der Mini-Thunfischburger auf Sesambrot oder die Tapaskreation aus Gänseleber und in süßem Pedro-Ximenes-Sherry konfitierten Apfelscheiben. *So-Abend geschl. | Plaza San Francisco 5 | Tel. 9 54 22 97 84 | www.restaurantealbarama.com | €€*

INSIDER TIPP LOS ALCORES

Populäres Mesón in Triana. Hier essen Sie wie die Einheimischen: einfach, aber mit besten, frischen Zutaten. *Mo geschl. | C/Farmacéutico Murillo Herrera 10 | Tel. 9 54 27 06 61 | €*

AZ-ZAIT

Kleine, feine Gourmetrestaurants wie das Az-Zait sind eine Rarität in Sevilla. Das Interieur ist ein wenig kitschig. Ausgezeichnete andalusische Küche zu angemessenen Preisen. *So geschl. | Plaza San Lorenzo 1 | Tel. 9 54 90 64 75 | €€–€€€*

TABERNA DEL ALABARDERO

Moderne andalusische Küche in einem Stadtpalast des 19. Jhs. Luxuriös, aber mit erschwinglichem Mittagsmenü. *Tgl. | C/Zaragoza 20 | Tel. 9 54 50 27 21 | €€€*

EINKAUFEN

Sevillas Shoppingmeile ist die Gegend um die *Calle Sierpes* und die *Calle Tetuán* nördlich des Rathauses; in der *Calle Sierpes 87* haben sich Victorio & Lucchino niedergelassen, Sevillas international bekannte Modeschöpfer. In den Hausnummern 70 und 75 wird dagegen die Tradition der *abanicos*, der Fächer, in großer Auswahl gepflegt. Kunsthandwerk finden Sie in Triana rund um die Straßen *Alfarería, Antillano* und *San Jorge*.

Eine gute Auswahl an historischen *azulejos*, Kacheln, zu moderaten Preisen hat INSIDER TIPP *Cerámicas Antonio del Rey Fernández (C/Feria 15)*. Von dort lohnt sich ein Abstecher in den INSIDER TIPP *Corral de Artesanos (C/Castellar 52)* einen Hinterhof, wo Kunsthandwerker Marienfiguren schnitzen oder Bühnen für die Osterprozessionen bauen.

Kulinarische Köstlichkeiten gibt es z. B. bei *Patí tó (C/Arrayán 23)* ganz in der Nähe der schönsten Markthalle der Stadt an der *Calle Feria* im Stadtteil *La Macarena*. In der *Calle Feria* findet donnerstagvormittags ein schöner Flohmarkt statt. Hier gibt es alles: von Haustieren bis zu Antiquitäten.

FLAMENCOKURSE

Sevilla ist die Hauptstadt des Flamenco. Viele Tanzschulen bieten auch Kurse für Besucher und Touristen an, z. B. bei ● *Carmen de Torres (Lepanto 7 | www.flamenco-carmendetorres.com)* oder in der ● *Flamencowerkstatt (Peral 49 | www.tallerflamenco.com)*.

AM ABEND

Sevilla ist berühmt für sein Nachtleben. Menschen jeden Alters genießen die laue Luft des Abends in den Bars der Straße *Mateos Gago*, gleich neben der Giralda, oder in Triana, rund um die *Puente Isabel II* und in der *Calle Betis*. Junge Leute bevölkern nachts die Innenstadt zwischen den Plätzen *Alfalfa* und *Salvador (z. B. den Pub Sopa de Ganso)* oder das Viertel *Arenal* westlich der *Avenida de la Constitución*. Alternatives Publikum zieht es in die Kneipen der *Alameda de Hércules*. Im Juli und August sind die Terrassen an der *Plaza América* im Parque María Luisa und am Ufer des Guadalquivir unterhalb der *Plaza América* beliebt.

Im Triana-Viertel ist INSIDER TIPP *Boss (C/Betis 67 | So–Di geschl. | www.salaboss.es)* der schickste Club. Die moderne Jugend geht dann zum Tanzen auf die Isla de la Cartuja in die Openairdisko *Antique (Do–Sa 24–7 Uhr | C/Matemáticos Rey Pastor y Castro s/n)*.

Eine Reihe von *tablaos* bieten Flamencoshows für Touristen. Die empfehlenswertesten sind *Los Gallos (tgl. 20 und 22.30 Uhr | Eintritt 30 Euro | Plaza Santa Cruz 11 | Tel. 9 54 21 69 81 | www.tablaolosgallos.com)* und *El Arenal (tgl. 20 und 22 Uhr | Eintritt ab 36 Euro inkl. Getränk | C/Rodo 7 | Tel. 9 54 21 64 92 | www.tablaoelarenal.com)*. Es gibt aber auch noch zwei Tavernen mit gelegentlichem Flamencoprogramm nicht nur für Auswärtige: die *Casa Anselma (Mo–Sa 23.30–3 Uhr | C/Pagés del Corro 49)* in Triana und der Klassiker – oft brechend voll – *La Carbonería (tgl. 20–3.30 Uhr | C/Levíes 18 | Tel. 9 54 21 44 60)* nördlich des Barrio Santa Cruz. Hier werden Sie es auch an Abenden ohne Vorführung sehr nett haben.

ÜBERNACHTEN

Dei meisten Sevillaner Hotels heben ihre Preise während der Semana Santa und während der Feria de Abril bis auf das Doppelte an.

Szenekneipe im Barrio Santa Cruz

ALFONSO XIII

Eines der vornehmsten Hotels ganz Spaniens, 1928 im Mudéjar-Stil entworfen und 2012 frisch renoviert. Auch nur ein Kaffee in der Hotelbar mit Blick auf den Patio lohnt sich sehr. *147 Zi. | C/San Fernando 2 | Tel. 9 54 91 70 00 | www.hotel-alfonsoxiii-seville.com | €€€*

INSIDER TIPP AMADEUS

Das kleine Hotel im ehemaligen jüdischen Viertel hat nicht nur individuell eingerichtete Zimmer, die Gäste können sich auch Instrumente ausleihen und im Musikraum üben oder eines der schallisolierten Zimmer mit Klavier mieten. *14 Zi. | Farnesio 6 | Tel. 9 54 50 14 43 | www.hotelamadeussevilla.com | €€*

APARTMENTS METRÓPOLIS

In der angenehmen und großzügigen Penthousewohnung mit eigener Terrasse können bis zu sechs Personen übernachten. Und auch in den übrigen, modern eingerichteten Apartments kann man sich richtig wohlfühlen. Sehr gut für Familien oder für einen längeren Aufenthalt. In der Nähe des Museo de Bellas Artes. *C/Bajeles 16–20 | Tel. 9 55 54 28 21 | www.hostelsevillasuites.es | €*

CASA SACRISTÍA SANTA ANA

An der lebendigen Alameda de Hércules gibt es ein romantisches Boutiquehotel: Der Stadtpalast gruppiert sich um einen stimmungsvollen Patio. Das neobarocke Interieur ist definitiv nichts für Puristen. *25 Zi. | Alameda de Hércules 22 | Tel. 9 54 91 57 22 | www.hotelsacristia.com | €–€€*

LAS CASAS DE LA JUDERÍA

Aus insgesamt 27 alten Wohnungen entstand das Hotel, gleich neben der Kirche Santa Maria La Blanca. Romantische Patios verbinden die Gebäudeteile auf dessen Dach die Sommergäste ein Pool erwartet. *118 Zi. | C/Santa María la Blanca 5 | Tel. 9 54 41 51 50 | www.casasypalacios.com | €€–€€€*

EME FUSION ●

Das neue Luxus-Boutiquehotel gegenüber der Kathedrale erstreckt sich über 14 alte Stadthäuser. Das Design ist gediegen und ziemlich cool. Vier Restaurants, ein kleines Spa und eine spektakuläre Dachterrasse verwöhnen die Gäste. *63 Zi. | C/ Alemanes 5 | Tel. 9 54 56 00 00 | www.emecatedralhotel.com | €€€*

PALACIO ALCÁZAR

Das charmante Boutiquehotel liegt nur wenige Schritte von der Kathedrale entfernt. Die Zimmer sind gegen Schall isoliert und das ganze Haus wird für spanische Verhältnisse energiesparend und ökofreundlich betrieben. *12 Zi. | Plaza de la Alianza 11 | Tel. 9 54 50 21 90 | www.hotelpalacioalcazar.com | €–€€*

AUSKUNFT

OFICINA DE TURISMO

Büro für Stadt und Region *(Avda. de la Constitución 21 B | Tel. 9 54 78 75 78)*. Zweigstellen im Bahnhof und im Flughafen *(www.turismosevilla.org)*.

Tourismusbüros der Stadt Sevilla: C/Arjona 28; Plaza de San Francisco 19; Paseo de las Delicias 9; Tel. 9 54 22 17 14 | www.visitasevilla.es. Die Sevilla Card oder die Sevilla Card Cultura bieten Ihnen u. a. freien Eintritt in Museen *(1–3 Tage ab 33 Euro | www.sevillacard.es)*.

LOW BUDG€T

▶ Schnäppchen machen: donnerstags auf der Calle Feria in Sevillas Altstadtviertel La Macarena den Flohmarkt durchstöbern.

▶ *Jamón Ibérico de Bellota* kauft man günstiger dort, wo er herkommt: in Aracena und Jabugo

▶ Im gediegenen Restaurant *La Taberna del Alabardero (C/Zaragoza 20 | Tel. 9 54 50 27 21)* in Sevilla wird ein fabelhaftes Mittagsmenü für nur 13 Euro serviert.

ZIELE IN DER UMGEBUNG

CARMONA (138 B6) *(E4)*

Jeder Winkel der Stadt (29 000 Ew., 38 km östlich von Sevilla) atmet Geschichte. Auf einem Bummel von der *Puerta de Sevilla* durchs historische Zentrum über die *Plaza San Fernando* bis zur *Puerta de Córdoba* stoßen Sie auf karthagische, römische, maurische und mittelalterlich-christliche Spuren im Überfluss. Bei der Puerta de Sevilla und den Resten der maurischen Befestigungsanlage aus dem 9. Jh. erhebt sich der *Torre del Oro (Mo–Sa 10–18, So 10–15 Uhr | Eintritt 2 Euro)*. Von hier oben können Sie das Stadtpanorama genießen.

Von zahlreichen Palästen und Kirchen sind die *Iglesia de San Pedro* mit ihrem Glockenturm im Giraldastil und herrlichem *Sagrario (bei der Puerta de Sevilla)* und die *Iglesia de Santa María (Plaza del Marqués de las Torres)* mit maurischem Patio besonders sehenswert. Vor den Toren der Stadt liegt die bedeutendste römische Grabanlage Spaniens: *Necrópolis Romana (Di–Fr 9–18, Sa/So 9–15.30, Juli/Aug. Di–Fr 9–14.30 und 15–17.30, Sa/So 9–15 Uhr | Eintritt für EU-Bürger frei | Avda. Jorge Bónsor 9)*. Manche Gräber wie die Tumba de Servilia gleichen unterirdischen Palästen.

Gute regionale Küche bietet das *Restaurante San Fernando (So geschl. | C/Sacramento 3 | Tel. 9 54 14 35 56 | €€)* an der gleichnamigen Plaza. Im ● *Alcázar del Rey Don Pedro (63 Zi. | Tel. 9 54 14 10 10 | www.parador.es | €€–€€€)*, im 14. Jh. erbaut von Peter dem Grausamen, im Osten der Altstadt ist heute einer der schönsten Paradore ganz Spaniens eingerichtet. Er lohnt den Besuch mindes-

Itálica bietet Ihnen eine Reise in die römische Vergangenheit

tens für einen Kaffee. Auskunft: *Touristeninfo im Stadttor Puerta de Sevilla (Tel. 9 54 19 09 55 | www.turismo.carmona.org)*

ITÁLICA ● (137 E4) (*D4*)

Ein faszinierender Ruinenspaziergang erwartet Sie 10 km nordwestlich von Sevilla am Rand von *Santiponce*. 206 v. Chr. gegründet, ist Itálica die bedeutendste römische Siedlung Andalusiens. Hier wuchsen im 1. Jh. n. Chr. die späteren Kaiser Trajan und Hadrian auf. Mit der Eroberung der Iberischen Halbinsel durch die Araber ging Itálica unter. Die Ausgrabungen begannen im 18. Jh. Höhepunkte eines Besuchs sind das 25 000 Zuschauer fassende *Amphitheater* und die *Casa del Planetario* mit gut erhaltenem Bodenmosaik. *April–Sept. Di–Sa 8.30–21, So 9–15, Okt.–März Di–Sa 9–18.30, So 10–15 Uhr | Eintritt für EU-Bürger frei | Avda. Extremadura 2 | Santiponce*

OSUNA (143 E1) (*F5*)

Gewaltig erhebt sich die Renaissancekirche *La Colegiata (Mai–Sept. tgl. 10–13.30, 16–19, Okt.–April tgl. 10–13.30, 15.30–18.30 Uhr, Juli/Aug. So nachmittags geschl. | Eintritt 3 Euro)* über dem 18 000-Einwohner-Städtchen 91 km östlich von Sevilla. Hinter ihrer trutzigen Fassade verbirgt sich ein lichtes Inneres mit Gemälden u. a. von Ribera. Osuna, Universitätsstadt von 1549 bis 1820, strahlt noch immer den Glanz vergangener Größe aus. Schräg gegenüber der Colegiata bewahrt der *Convento de la Encarnación (Di–So Mai–Sept. 10–13.30 und 16–19, sonst 10–13.30 und 15.30–18.30 Uhr | Eintritt 4 Euro | Plaza de la Encarnación)* ein Museum für sakrale Kunst. Glanzstück ist ein Bilderzyklus auf Wandfliesen aus dem 18. Jh.. Sehenswert ist das archäologische Museum in der Torre de Agua. Bekannt ist das Restaurant *Casa Curro (Mo geschl. | Plaza Salitre 5 | Tel. 9 55 82 07 58 | €)* für seine exzellente regionale Küche – mit mehr als 200 verschiedenen Tapas. In einem Barockpalast ist das edle Hotel *El Palacio Marqués de la Gomera (20 Zi. | C/ San Pedro 20 | Tel. 9 54 81 22 23 | www.hotelpalaciodelmarques.es | €–€€)*, das jeden Umweg rechtfertigt. Auskunft: *Oficina de Turismo (Plaza Mayor | Tel. 9 54 81 57 32 | www.turismosuna.es)*.

DER OSTEN

Der Osten Andalusiens – die Provinzen Jaén, Granada und Almería – fühlt sich manchmal vom Rest der Region vergessen. Die Hauptstadt Sevilla ist weit, die Verkehrsverbindungen sind mäßig. Besucher kommen dennoch in Scharen. Sie wollen den wertvollsten architektonischen Schatz der Maurenzeit sehen: die Alhambra in Granada.

Doch es gibt noch mehr zu entdecken: In der Sierra de Cazorla (Provinz Jaén) entspringt der Guadalquivir und fließt nach einigen Umwegen gen Córdoba. An seinen Ufern und weit in die Berge hinein sind Bataillone von Olivenbäumen gepflanzt – mit Recht beansprucht Jaén den Titel der Weltolivenhauptstadt. Weiter im Südosten ist das Land selbst für die anspruchslosen Olivenbäume zu karg: Der Altiplano im östlichen Teil der Provinz Granada und die Provinz Almería sind komplettes Wüstenland – äußerst faszinierend fürs Auge, doch keine Freude für Ökologen. Im Kampf mit der kargen Natur haben clevere Agrarunternehmer die Küste Almerías in eine „Costa del Plástico" verwandelt. Tatsächlich, kilometerweit ist das Land von Plastikplanen überzogen, unter denen Gemüse und Obst heranreifen, gepflegt und geerntet von Einwanderern aus Nordafrika und Osteuropa. Und schließlich erhebt sich östlich von Granada der *Mulhacén*, mit 3481 m der höchste Berg der Iberischen Halbinsel, inmitten der Sierra Nevada, deren Skigebiete nur 40 km Luftlinie von den Stränden der Costa Tropical entfernt liegen.

Bild: Decke im Löwenhof der Alhambra von Granada

Maurische Wunder der Architektur – die Alhambra ist nur eines der faszinierenden Bauwerke inmitten fantastischer Natur

ALMERÍA

(147 D5) (*N6*) **Mit Städten wie Sevilla, Granada oder Córdoba kann sich die Provinzhauptstadt (190 000 Ew.) nicht vergleichen, trotzdem lohnt der Besuch.** Die größte Attraktion der lebendigen Hafenstadt ist die Festung *Alcazaba*. Die Altstadt wird von der trutzigen Kathedrale (16. Jh.) beherrscht, in der drei Gemälde von Alonso Cano zu sehen sind. Das Stahlmonstrum im Hafen, *El Cable*

CITY WOHIN ZUERST?

Plaza de Estación: Wer mit der Bahn oder dem Bus kommt, geht von der Plaza de Estación zur Haltestelle Gregorio Marañón. Dort fährt die Buslinie 11 ins historische Zentrum. Autofahrer steuern am besten ein günstig gelegenes Parkhaus an. An der Avenida García Lorca gibt es zwei Stück davon. Bis zur Altstadt ist es von dort nicht weit.

Blick von der Maurenfestung Alcazaba: Tief unten liegt Almería

Inglés (auch „die englische Brücke" genannt), wo ab 1904 Erze auf Schiffe verladen wurden, ist heute ein Stück Industriekultur.

SEHENSWERTES

ALCAZABA

Die umfangreichste maurische Festung Spaniens wurde von Abd Ar Rahman III., dem ersten Kalifen von Córdoba, 955 angeordnet. Die drei mächtigen Mauerringe mit ihren ✱ Türmen ziehen sich den Stadthügel San Cristóbal (70 m) hinauf. *April–Okt. Di–So 9–20.30, Nov.–März Di–So 9–18.30 Uhr | Eintritt für EU-Bürger frei*

ESSEN & TRINKEN

CASA PUGA

Allein wegen dieser typisch andalusischen Bar lohnt der Abstecher nach Almería. Die Tapas sind wunderbar und vielfältig, ebenso die Weinkarte. Kein Wunder, dass sich das Lokal seit 1870 gehalten hat. *So geschl. | C/Jovellanos 7 | Tel. 9 50 23 15 30 | www.barcasapuga.es* | €–€€

CASA SEVILLA

Außen wie innen ist das angenehme Restaurant in warmen Rottönen gehalten. Die Küche ist klassisch andalusisch und auch ohne kreativen Übermut sehr gut. In der Bodega lagern rund 8000 Weine. *So/Mo geschl. | C/Rueda López | Galería Comercial | Tel. 9 50 27 29 12 | www.casasevilla.com* | €€–€€€

ÜBERNACHTEN

CATEDRAL

Das Stadthaus aus dem 19. Jh. liegt zentral an der Kathedrale. Stilvolle, moderne

Zimmer. Auf dem Dach gibt es einen kleinen Pool. *20 Zi. | Plaza Catedral 8 | Tel. 9 50 27 81 78 | www.hotelcatedral.net | €€*

TORRELUZ CENTRO

Das Zwei-Sterne-Haus liegt mitten im Altstadtzentrum. Die 24 Zimmer sind dezent modern gehalten. Wer mehr Luxus und einen Pool möchte, kann sich auch im teureren *Neuvo Torreluz* einmieten, das 2012 runderneuert wurde. *Plaza Flores 8 | Tel. 9 50 23 43 99 | www.torreluz.com | €*

AUSKUNFT

OFICINA DE TURISMO

Plaza de la Constitución | Tel. 9 50 21 05 38 und *Parque Nicolás Salmerón (an der Hafenpromenade) | Tel. 9 50 27 43 55 | www.almeria-turismo.org, www.turismodealmeria.org*

ZIELE IN DER UMGEBUNG

CUEVAS DE SORBAS (147 E4) (*N5*)

Im fantastischen Höhlensystem (60 km nordöstlich von Almería) sind drei geführte Entdeckungstouren möglich. *Tgl.| Voranmeldung ein bis zwei Tage im Voraus | Eintritt ab 13 Euro | Tel. 9 50 36 47 04 | www.cuevasdesorbas.com*

MOJÁCAR (147 F4) (*O5*)

Seit maurischen Zeiten liegen in Mojácar (8000 Ew., 93 km nordöstlich von Almería) die weißen Häuser an den Flanken einer Anhöhe, von der sich ein weiter Blick über das Mittelmeer bietet. An der Küste, 2 km vom alten Ortskern entfernt, drängeln sich Hotels, Bars und Restaurants, aber noch nicht so massiv wie an der Costa del Sol. „Vor der Haustür" liegt ein 7 km langer Sandstrand. Ein schönes kleines Hotel im alten Ortskern mit Meerblick ist *Mamabel's (8 Zi. | C/Embajadores 5 | Tel. 9 50 47 24 48 | www.mamabels.com | €)*. Zimmer 1 ist ideal für frisch Verliebte; gutes Restaurant. Gediegener und direkt am Strand logiert man im renovierten *Parador (98 Zi. | Playa de Mojácar | Tel. 9 50 47 82 50 | www.parador.es | €€€)*. Auskunft: *Oficina de Turismo (Plaza del Frontón | Tel. 9 02 57 51 30 | www.mojacar.es)*

PARQUE NATURAL CABO DE GATA ★

(147 E–F 5–6) (*N–O6*)

Südlich von San José (40 km nordöstlich von Almería) führt eine Schotterpiste zu den vielleicht schönsten Stränden an der andalusischen Mittelmeerküste. Zwischen dem weiten Halbrund der *Playa de los Genoveses* und der versteckten *Cala Los Amarillos*, wo man ungestört nackt

MARCO POLO HIGHLIGHTS

★ Parque Natural Cabo de Gata
Schroffe Natur und traumhaft idyllische Strände → S. 61

★ Cazorla
Kleine Stadt neben großem Naturpark → S. 63

★ Albaicín
Das labyrinthische Maurenviertel Granadas → S. 65

★ Alhambra
Granadas prachtvoller Königspalast → S. 67

★ Alpujarras
Weiße Dörfer, verloren in den Bergen der Sierra Nevada → S. 72

★ Baeza und Úbeda
Die schönsten Renaissancestädte des Landes → S. 74

Wildromantische Felsenküste am Cabo de Gata östlich von Almería

baden kann, erhebt sich eine Wanderdüne in der Vulkanlandschaft. Die sich anschließende ● *Playa del Mónsul* und der „Halbmondstrand" *(Medialuna)* werden von einzigartigen Felsformationen gefasst. Oberhalb der stillgelegten Goldminen von Rodalquilar kommt man zum Cortijo del Fraile, wo sich das Drama abspielte, das Federico García Lorca in seinem Theaterstück „Bluthochzeit" verarbeitet hat. Im verträumten kleinen Fischerdörfchen *Isleta del Moro* genießt man, bei wunderbarer Aussicht über die Bucht, frischen Fisch oder Paella im *Restaurante Isleta del Moro (direkt am Hafen | Tel. 9 50 38 97 13 | €–€€)*. Anspruchsvolle mediterrane Küche wird im netten *La Gallineta (Pozo de Los Frailes | Tel. 9 50 38 05 01 | €€–€€€)* serviert. Die abgeschiedene INSIDER TIPP *Badebucht Cala del Plomo* erreicht man vom hübschen Agua Amarga aus über einen schönen Wanderweg von ca. 40 Min. Zu den besten Unterkünften im Park zählt die ökologisch betriebene Casa Rural *La Joya de Cabo de Gata (Paraje La Joya, Agua Amarga | Tel. 6 19 15 95 87 | www.lajoyadecabodegata.es | €€–€€€)*. Neben zwei charmanten Apartments (bis 4 Pers.) mit Terrasse und herrlichem Blick kann man es sich auch in einem geräumigen INSIDER TIPP Beduinenzelt gemütlich machen.

Auskunft: *Oficina de Turismo in San José (Avda. San José 27 | Tel. 9 50 38 02 99); Besucherzentrum des Naturparks Las Almoladeras (Ctra. Cabo de Gata–Almería | Tel. 9 50 16 04 35 | www.parquenatural.com | www.cabodegata.net)*

WESTERNSTÄDTE BEI TABERNAS

(147 D4–5) *(N5)*

Die Wüste von Almería dient seit den 1960er-Jahren als Filmkulisse für Italowestern („Spiel mir das Lied vom Tod"). Wenn nicht gedreht wird, bieten drei Ku-

lissendörfer Besuchern unterhaltsame Westernspektakel: *Parque Temático Oasys Mini Hollywood (N 340a, km 464 | tgl. 10–21, im Winter bis 19 Uhr | Eintritt 20 Euro | www.oasysparquetematico.com)* mit Westernstadt, Freibad, Tier- und Vergnügungspark, *Texas Hollywood (N 340a, km 468 | tgl. 9–20, im Winter bis 18 Uhr | Eintritt 17 Euro | www.fortbravo.es)* und *Western Leone (A92, km 378 | tgl. 10–20, im Winter bis 18 Uhr | Eintritt 12 Euro)*.

CAZORLA

(141 E3) (*L3*) ★ **In dem hübschen Bergdorf findet man beste Infrastruktur, um Touren in den größten Naturpark Spaniens zu machen, den Parque Natural Cazorla, Segura y Las Villas.**

Cazorla (9000 Ew.), im Osten der Provinz Jaén, ist eingebettet in Natur. Die Sierra de Cazorla, an deren Rand die beschauliche Stadt Cazorla liegt, ist der größte Naturpark Spaniens. Auf 214 000 ha ist Platz für ausgedehnte Kiefern- und Steineichenwälder, für Flüsse und Stauseen, für alpines Gebirge und dürre Steppe. Auf der A 319 fahren Sie über den 1290 m hohen Puerto de las Palomas in den Naturpark hinein. Unternehmen Sie einen Spaziergang auf der Cerrada de Utrero, dem ersten Stausee des Río Guadalquivir, oder eine mehrstündige Wandertour am Río Borosa zur Laguna de Valdeazores. Oder zur Quelle des Guadalquivir, der nicht weit von Cazorla entspringt. Für Autofahrer lohnt sich die *Ruta Félix Rodríguez de la Fuente* rund um den Stausee Embalse del Tranco und für Kunstliebhaber das Museum des Expressionisten Rafael Zabaleta in Quesada.

SEHENSWERTES

Am besten lässt man das Auto im Parkhaus unter der Plaza Mercado stehen und erkundet den engen und malerischen Bergort zu Fuß. Von der schönen *Plaza de Santa María* mit der gleichnamigen Kirchenruine führt ein steiler Weg zum wuchtigen *Castillo de la Yedra* mit einem sehenswerten *Volkskundemuseum (Di 15–20, Mi–Sa 9–20, So 9–14 Uhr | Eintritt frei)*.

ESSEN & TRINKEN

MESÓN LEANDRO

Fleisch vom Grill ist die Spezialität des rustikalen Restaurants. *Tgl. | C/La Hoz 3 | Tel. 9 53 72 06 32* | €–€€

LA SARGA

Dieses ist das beste Restaurant am Ort. Innovative regionale Küche gelegen unterhalb der Altstadt. *Di geschl. | Plaza del Mercado s/n | Tel. 9 53 72 15 07* | €€

FREIZEIT & SPORT

Reiten, wandern, biken, durch die Sierra trakken oder Kayaking auf dem Stausee El Tranco. Das sind nur einige von vielen Möglichkeiten. Anbieter vor Ort sind z. B. *www.tierraventuracazorla.com*, *www.turisnat.es* und *www.cazorlaextremenature.com*.
Auskunft dazu bekommen Sie in der Touristeninformation.

ÜBERNACHTEN

INSIDER TIPP MOLINO LA FARRAGA

Nah der Altstadt und mitten in der Natur gibt es etwas ganz Besonderes: eine Wassermühle als Pension. 100 m Fußweg. *8 Zi. | Camino de la Hoz | Tel. 9 53 72 12 49 | www.molinolafarraga.com |* €–€€

PARADOR

Traumlage im Naturpark. Charmant, gerade deswegen, weil es im Stil etwas angestaubt ist. Vom Pool aus genießt man das fantastische Bergpanorama. 24 km von Cazorla. *36 Zi. | Tel. 9 53 72 70 75 |* €€–€€€

SIERRA DE CAZORLA & SPA

Das Hotel liegt an der Bergstraße oberhalb von La Iruela. Der große Spabereich mit Außen- und Innenpool wird durch Biomasse (u. a. Olivenkerne) beheizt. *40 Zi. | Ctra. de la Sierra s/n | La Iruela | Tel. 9 53 72 00 15 | www.hotelsierradecazorla.com |* €€

AUSKUNFT

OFICINAS DE TURISMO

Plaza de Santa María | Tel. 9 53 71 01 02 | www.cazorla.es, www.turismoencazorla.com. Centro Interpretación de la Torre del Vinagre (Ctra. del Tranco | A-319 km 48,8)

GRANADA

KARTE IM HINTEREN UMSCHLAG

(145 E3) (*K5*) **Samstagabend auf der *Carrera del Darro*. Nachtschwärmer haben die schmale Straße erobert, Sprachschüler, Studenten, junge Spanier und jede Menge Ausländer tummeln sich hier. Lachend, plaudernd, untergehakt oder verliebt Arm in Arm ziehen sie von Bar zu Bar.**

Dazwischen Touristen, die sich treiben lassen vom fröhlichen Geschiebe und von der Magie der Granadiner Nacht. Hoch über der Straße scheint die Alhambra über dem Treiben zu schweben, in weiches Scheinwerferlicht getaucht. Und der Festung gegenüber liegt still das Labyrinth des Albaicín, des alten maurischen Viertels.

Granada (240 000 Ew.) ist lebendige Universitätsstadt und zugleich Hüterin einer kostbaren Vergangenheit. Während im Lauf des 13. Jhs. große Teile Spaniens in christliche Hand fielen, schloss Muhammad I. vom Geschlecht der Nasriden einen Pakt mit den Christen, der ihm erlaubte, in Granada ein moslemisches Königreich zu gründen. Die folgenden 250 Jahre blieb Granada eine Insel der Zivilisation im finsteren Europa des

CITY WOHIN ZUERST?

Plaza Nueva: Steuern Sie die Plaza Nueva an. Von dort ist es nicht weit bis zur Kathedrale, der Capilla Real und den Gassen des Albaicín. Zentral ist der Parkplatz in der Calle del Cristo de San Agustín, Nähe Gran Vía. Oder Sie folgen dem Parkleitsystem. Die Buslinie 33 startet vom Busbahnhof und stoppt mehrmals in der Gran Vía.

Immer was los: Straßencafé im Albaicín, der maurischen Altstadt von Granada

Mittelalters. Als Zeichen ihrer kulturellen Überlegenheit hinterließen die Nasriden ihren Königspalast, die Alhambra, deren Bau Muhammad I. 1238 befahl.

Doch schließlich war der Eroberungswille der Christen stärker als alle verfeinerte Lebensart: Am 2. Januar 1492 übergab Spaniens letzter moslemischer Herrscher Boabdil den siegreichen, später so genannten Katholischen Königen Isabella von Kastilien und Ferdinand von Aragón die Schlüssel seiner Stadt.

Die Alhambra ist einer der schönsten Paläste der Welt, das herausragende Denkmal des andalusischen Islam. Mehr als 2 Mio. Menschen kommen jedes Jahr, um dieses Welterbe der Menschheit zu sehen. Wer sich der Stadt von Westen nähert, ist schon verzaubert: Granada liegt auf 685 m Höhe wohlbehütet unter den Gipfeln der Sierra Nevada, die bis in den Frühling hinein von Schnee bedeckt sind. Allein der Weg durch die verbauten Vorstädte kühlt die Begeisterung ein wenig ab, doch dieses Übel teilt Granada mit allen spanischen Großstädten. Ausführliche Informationen finden Sie im MARCO POLO Band „Costa del Sol".

SEHENSWERTES

ALBAICÍN ★

Auf dem Berg gegenüber der Alhambra, der heute vom Albaicín eingenommen wird, liegt die Keimzelle Granadas. Hier siedelten seit dem 7. Jh. v. Chr. Iberer, Römer und Westgoten. Doch erst ab dem 11. Jh., unter arabischer Herrschaft, erlangte der Ort Bedeutung. Das Viertel hat bis heute sein maurisches Gepräge behalten, auch wenn kein Gebäude aus jener Zeit mehr steht, abgesehen von den Resten der Stadtmauern und ihrer Tore. Mit der Vertreibung der Morisken (der zwangsgetauften Araber) Ende des 16. Jhs. verfielen viele Häuser; an deren Stelle baute man größere Anwesen mit mauerumstandenen Gärten, *carmen* genannt, für die der Albaicín heute berühmt ist. Besuchen können Sie den *Carmen Max Moreau (Camino nuevo de San Nicolás 12 | Di–Sa 10–13.30 und 16–18 Uhr)* und den *Carmen Aljibe del Rey (geführter Besuch Di–Fr 12 Uhr)*. Mit ein wenig Entdeckergeist macht es Spaß, ziellos durch die engen Straßen zu streifen, eine Treppe ins Ungewisse zu erkunden und zwischen den weiß gekalkten Häusern hin und wieder die Orientierung zu verlieren. Muslimische Traditionen und Kultur sind hier wieder heimisch. 2003 wurde als erste Moschee in Andalusien die *Mezquita Mayor* eröffnet. Die Gärten kann man besuchen. Die lebendigsten Plätze sind die *Placeta de San Miguel Bajo* und die schattige *Plaza Larga*. Vom ● *Mirador San Nicolás* aus bietet sich ein unübertroffener Blick auf die Alhambra. Sehenswert sind auch der *Palacio de Dar al-Horra (Callejón de las Monjas | Di/Do/Sa 10–14 Uhr)* in dem die Mutter Boabdils gewohnt haben soll und das arabische Bad *El Bañuelo (Di/Do 14.30–20.00, Mi/Fr/Sa 9–20, So 9–14 Uhr | Eintritt frei | Carrera del Darro 34)*, das auf das 11. Jh. zurückgeht. Im Westen schließt sich „der heilige Berg", der *Sacromonte*, an. Hier befinden sich Reste der alten Stadtmauer sowie einige Höhlenwohnungen. Es ist das traditionelle Viertel der *gitanos* (der Roma-Bevölkerung) von Granada. Langsam entdeckt wird das ehemalige jüdische Viertel *Realejo*, wo Sie am Südhang der Alhambra spazieren oder am

Majestätisch leuchtet die Alhambra im Abendlicht vor der Kulisse der Sierra Nevada

belebten Campo del Príncipe eines der Lokale ansteuern können.

ALHAMBRA ★

Wie ein Schatz ist das Innere der Alhambra („Die Rote") hinter mächtigen, schmucklosen Mauern verborgen. Sie umschließen eine Anlage aus mehreren, ganz unterschiedlichen Teilen. Am westlichen Ende liegen zunächst die Reste der Alcazaba, des Festungs- und Verwaltungsbereichs. Von der *Torre de la Vela* genießen Sie doppelten Ausblick: im Norden auf den Albaicín, im Süden auf die Sierra Nevada. Doch das Herzstück der Alhambra sind die *Palacios Nazaríes* (Nasridenpaläste). Wer ihren Eingang durchschritten hat, erhält eine Ahnung kommender Pracht im *Mexuar* (Audienz- und Gerichtssaal) und dem *Cuarto Dorado* (Goldenen Zimmer). Daran

schließt sich der erste Höhepunkt des Palastbesuchs an: der *Patio de los Arrayanes* (Myrtenhof) mit angrenzender *Sala de los Embajadores* (Botschaftersaal). Unter der traumhaften Artesonadodecke aus Tausenden von Zedernholzplättchen stand vermutlich der Thron der Nasriden-Könige. Weiter geht es zum *Patio de los Leones* (Löwenhof), dem beliebtesten Fotomotiv der Alhambra. Zwölf steinerne Löwen stehen in der Mitte des Hofs, Hinterteil an Hinterteil unter einem runden Marmorbecken. Magische Pracht entfaltet die *Sala de los Abencerrajes:* Die Kuppel scheint ein Meer von gipsernen Waben, aus denen weißer Honig herabtropft, im Fallen erstarrt. Verschwommen spiegelt sich das Bild im zwölfeckigen Brunnen auf dem Boden des Saals wider. Der nasridische Zauber hat ein Ende, wenn Sie den *Palast Karls V (Mitte Okt.-Mitte März 9–18, Mitte März –Mai u. Sept. 10–20, Juni–Mitte Sept. 9–15.30, jeweils Di–Sa, So ganzjährig 10–17 Uhr | Eintritt 1,50 Euro)*. betreten, den dieser ab 1526 in die Alhambra hineinbauen ließ. Der kühle Renaissancebau, außen quadratisch, innen rund, beherbergt das Museum der Schönen Künste. In den neun Sälen werden Werke des 15.–20. Jhs. gezeigt. Zu den bedeutenderen Stücken zählen die Gemälde von Alonso Cano. Innerhalb der Mauern der Alhambra ist auch der stets ausgebuchte *Parador* untergebracht; in dessen Bar finden Sie kühle Ruhe. Schließlich lohnt ein Besuch der blühenden Gärten rund um den Sommerpalast *Generalife* im Rücken der Alhambra. Ersparen Sie sich frühes Aufstehen, unnötige Warterei und die Frustration, die Alhambra wegen begrenzter Besucherzahl (tgl. 6600) gar nicht betreten zu dürfen: Kaufen Sie Ihre Eintrittskarte im Internet unter *www.alhambra-tickets.es* oder telefonisch *(8–24 Uhr)* unter *Tel. 9 02 88 80 01* innerhalb Spaniens bzw. aus dem Ausland unter *Tel. 34 9 34 92 37 50* (per Kreditkarte), oder bestellen Sie die Karten im Hotel. In Spanien kann man auch in den Filialen der Caixa-Bank Tickets bestellen. Karten für denselben Tag erhalten Sie an der Kasse am Eingang zur Alhambra – wenn das Kontingent nicht erschöpft ist – sowie in der *Tienda Librería de la Alhambra* in der *C/ Reyes Católicos 40*. Einlass in die Palacios Nazaríes nur zur aufgedruckten Uhrzeit, Vormittagsbesucher müssen die Alhambra um 14 Uhr verlassen. Da das *Bono Turístico (Ermäßigungen und Gutscheine für 5 Tage | 32,50 Euro)* über ein eigenes Kartenkontingent verfügt, lohnt evtl. der Kauf der Karte. *März–Okt. tgl. 8.30–20, Nachtbesuch (Palacios Nazaríes) Di–Sa 22–23.30, Nov.–Feb. tgl. 8.30–18, Nachtbesuch Fr/Sa 20–21.30 Uhr | Eintritt 13 Euro | www.alhambra-patronato.es*

CATEDRAL UND UNTERSTADT

Dicht umringt von Häusern, fehlt es der Kathedrale *Santa María de la Encarnación (Mo–Sa 10–13.30 und 16–20, So 16–20 Uhr | Eintritt 4 Euro)* an Platz, um Betrachter mit ihrem Äußeren zu beeindrucken. Dafür bietet die erste spanische Renaissancekathedrale, ein Werk vor allem des Baumeisters Diego de Siloé, im Innern viel Raum. Bemerkenswert ist die runde *Capilla Mayor,* 22 m im Durchmesser, 45 m hoch. Gleich neben der Kathedrale befindet sich die *Capilla Real (Mo–Sa 10.15–13.30, So 11–13 und tgl. 16–19.30 Uhr | Eintritt 4 Euro | C/ Oficios 3),* wo seit 1521 die Katholischen Könige Isabella von Kastilien und Ferdinand von Aragón bestattet sind. Daneben die Grabmale ihrer Tochter Johanna der Wahnsinnigen und deren Ehemann Philipp dem Schönen.

In einem Nebensaal hängt Isabellas persönliche INSIDER TIPP *Gemäldesammlung des 15. Jhs.*, u. a. mit Meisterwerken Van der Weydens und Botticellis. Südlich schließt sich die *Alcaicería*mit ihren engen Gassen an. In maurischer Zeit hatten hier die Tuchhändler ihre Läden,

FEDERICO GARCÍA LORCA

Federico García Lorca (1898–1936) gilt als der größte spanische Poet und Theaterdichter des frühen 20. Jhs. Als Student in Madrid freundete er sich mit Salvador Dalí und Luis Buñuel an. Seiner Heimat Andalusien blieb er, auch in seinem Werk, stets verbunden, so etwa in „Bluthochzeit“ oder den „Romanceros Gitanos“, den Zigeunerromanzen. Im Landhaus *Huerta de San Vicente (Mitte Juni–Mitte Sept. Di–So 9.15–14.15, April, Mai, Anfang Juni/Ende Sept. zusätzl. 17–20, Okt.–März zusätzl. 16–19 Uhr | Führungen tgl. außer Mo | Eintritt mit Führung 3 Euro | C/Virgen Blanca s/n | www.huertadesanvicente.com)*, am Rand von Granada, lebte und arbeitete er von 1925 bis zu seiner Ermordung durch die Falangisten 1936. Geboren wurde der Dichter in Fuente Vaqueros (18 km westl. von Granada). Das Museumshaus kann man besuchen *(Mo geschl., Di–Sa Führungen vormittags | Eintritt 1,80 Euro | www.museogarcialorca.org)*. Lorca hat seine Erlebnisse auch in „Yerma“ und „Das Haus der Bernarda Alba" verarbeitet. Am Rand von Alfacar (8 km nordöstl. von Granada) liegt Lorca vermutlich begraben. *www.turgranada.es*

heute findet sich hier alles, was die Souvenirindustrie zu bieten hat. Das Herz der geschäftigen Innenstadt ist die *Plaza Bib-Rambla* mit vielen Cafés. Cardenal Cisneros, der Beichtvater Isabellas, inszenierte hier 1499 eine Bücherverbrennung, der ein Großteil der arabischen Schriften von Al-Andalus zum Opfer fiel. Der *Corral de Carbón (Carrera Mariana Pineda)* ist das älteste arabische Bauwerk in Granada. Die einstige Karawanserei wurde später als Theater und Kohlenlager – daher der Name „Kohlenhof" – genutzt.

MONASTERIO DE LA CARTUJA

Der Bau des Kartäuserklosters begann 1514 und wurde erst 1794 abgeschlossen. Er ist ein herausragendes Beispiel für den überbordenden spanischen Barock. *Tgl. 10–13 und 16–20, Nov.–März 15–18 Uhr | Eintritt 4 Euro | Paseo de la Cartuja | etwas außerhalb, nördlich der Innenstadt*

Im Zentrum Granadas: die Plaza Bib-Rambla

ESSEN & TRINKEN

BODEGAS CASTAÑEDA

Eine Bar wie aus dem Bilderbuch: alte Weinfässer, Holztheke, Stierkopf und köstliche Tapas. *Tgl. | C/Almireceros 1 | Tel. 9 58 22 32 22 |* €

LOS DIAMANTES

Neonlicht und kein Design und trotzdem gibt es wenige Tapas-Bars in Granada mit mehr Atmosphäre. Gute und reichliche Portionen. Weitere Tapas-Adressen in der Calle Navas. *So geschl. | C/ Navas 26 |* €

MIRADOR DE MORAYMA

In einem alten Palacio im Albaicín. Schönes Interieur mit Antiquitäten. Von der Terrasse hat man einen tollen Blick auf die Alhambra. Ökologischer Wein aus eigenem Anbau. *So-Abend geschl. | Pianista García Carrillo 2 | Tel. 9 58 22 82 90 |* €€–€€€

INSIDER TIPP TABERNA LA TANA

So klein das Tapas-Lokal auch ist, seine Auswahl bester Weine ist riesig und die kleinen Speisen sind wahrlich ein Hochgenuss. *Tgl. | C/Rosario s/n |* €–€€

LAS TINAJAS

Einheimische schwören auf das Traditionshaus etwas außerhalb. Gemütliche Atmosphäre, in der Bar auch leckere Tapas. *Tgl. | C/Martínez Campos 17 | Tel. 9 58 25 43 93 |* €€–€€€

EINKAUFEN

In der Alcaicería zwischen der Kathedrale und der Plaza Bib-Rambla machen sich die Gebäude der Alcaicería, des alten Markts, breit, der sich auf Schmuck und Kunsthandwerkliches für Touristen spezialisiert hat. Hier drängen sich die Souvenirläden. Ein ähnliches Angebot finden Sie auch beim Aufgang zur Alhambra in der *Cuesta de Gomérez*. Basaratmosphäre herrscht auf den Straßen Calderería Nueva und Vieja am Fuß des Albaicín mit Teestuben, Restaurants und vielen Läden. Handgefertigte Keramik *(u. a. Cerámicas Fajalauza (C/Fajalauza 2))*, Intarsienarbeiten und Gitarrenbau *(Miguel Ángel Bellido (C/Navas 22); Daniel Gil de Avalle (Plaza del Realejo 15))* haben Tradition in Granada. Lokale kulinarische Spezialitäten sowie Olivenöle aus Andalusien hält u. a. *La Oliva* in der Calle Rosario 9 bereit.

AM ABEND

Rund um die *Plaza Nueva*, die *Calle Elvira* und die *Carrera del Darro* ist am Wochenende viel los. Dort finden Sie Tapas- und Cocktailbars sowie die Diskothek *Granada 10 (C/Cárcel Baja 10)*. An der Straße zum *gitano*-Viertel Sacromonte liegt der Diskoclub *Camborio*. Der bekannteste und größte Nachtclub ist *Mae West (im Einkaufszentrum Neptuno | C/Pedro Antonio de Alarcón)*, südlich des Zentrums.

FLAMENCO

In den Höhlen von Sacromonte, hinter dem Albaicín, liegen die Flamencolokale. Zum Service gehören die Show, Abholung vom Hotel und Führung durch den Albaicín. Empfehlenswerte Bühnen: *Cueva La Rocío (tgl. 22 Uhr | Eintritt 25 Euro | Camino del Sacromonte 70 | Tel. 9 58 22 71 29); Venta El Gallo (tgl. ab 19.30 Uhr | Eintritt 22 Euro | Barranco de los Negros 5 | Tel. 9 58 22 24 92 | www.ventaelgallo.com)*.

LOW BUDG€T

▶ Mit der Touristenkarte *Bono Turístico Granada* kann man den Touristenbus benutzen und spart 30 Prozent bei den Eintrittskosten. Fast noch wichtiger ist, dass die Karte auch den Zugang zur Alhambra ermöglicht, was beim normalen Ticketverfahren wegen der begrenzten Kontingente oft schwierig ist. 25–31 Euro, nähere Infos unter *www.granatur.com*

▶ Das köstliche, gesunde, extranative Olivenöl der Region direkt beim Hersteller kaufen! Zum Beispiel das ausgezeichnete Bio-Öl „Verde Salud" der Sierra Mágina. *Trujal de Mágina, Llanos de Ochoa | Cambil (Jaén)| www.scatrujaldemagina.com*

ÜBERNACHTEN

HOTEL ABADES NEVADA PALACE

Das neue Business-Designhotel liegt zwischen Innenstadt (mit dem Bus gut erreichbar) und Stadtautobahn. Ausflüge ins Umland problemlos. Spa und Außenpool. Häufig günstig zu buchen. *235 Zi., 23 Ap. | C/de la Sultana 3 | Tel. 9 02 22 25 70 | www.abadesnevadapalace.com | €–€€€*

BRITZ

Die einfache und günstige Pension liegt zwar nicht gerade ruhig aber zentral an der Plaza Nueva. Die Zimmer sind sauber und der Service freundlich-familiär. *22 Zi. | Cuesta de Gomérez 1 | Tel. 9 58 22 36 52 | www.pensionbritz.com | €*

CASA 1800

Bis vor kurzem war der Stadtpalast Los Migueletes am Fuß des Albaicín noch ein Designhotel. Nun zeigt er sich in neobarocker Opulenz mit edlen Stoffen und gutem Service. *25 Zi. | Ben-*

Maurische Festung Almuñécar

alúa 11 | Tel. 9 58 21 07 00 | www.hotelcasa1800granada.com | €€€

INSIDER TIPP **GAR ANAT HOTEL PEREGRINOS**

Im Interieur des historischen Stadtpalasts hat Mika Murakami Räume zu poetischen Bühnen gemacht. Wer so etwas mag, wird von dem neuen Hotel begeistert sein. *Placeta de los Peregrinos 1 | Tel. 9 58 22 55 28 | www.hoteldeperegrinos.com* | €€–€€€

MACÍA PLAZA

Die unkomplizierte und praktische Lage an der Plaza Nueva spricht seit jeher für das Zwei-Sterne-Haus. Die Zimmer wurden an den Stil der Zeit angepasst. *44 Zi. | Plaza Nueva 5 | Tel. 9 58 22 75 36 | www.maciahoteles.com* | €€

AC PALACIO DE SANTA PAULA

Das Luxushotel in der Nähe der Kathedrale verbindet den Prunk des 19. Jhs. mit zeitgenössischem Design. *75 Zi. | Gran Vía de Colón 31 | Tel. 9 58 80 57 40 | www.ac-hotels.com* | €€€

AUSKUNFT

OFICINA DE TURISMO

Plaza Marian Pineda 10; C/Santa Ana 4 (gleich neben der Plaza Nueva). Plaza del Carmen | Tel. 9 02 40 50 45; weitere Infostellen in der Alhambra und an der Plaza Bib-Rambla. *www.turismodegranada.org, www.granada.org, www.granadatur.com*

ZIELE IN DER UMGEBUNG

ALMUÑÉCAR (145 E5) *(🕮 K6)*

Beliebter Badeort (28 000 Ew., 78 km südlich von Granada) an der Costa Tropical (Mittelmeerküste der Provinz Granada). Die langen, sauberen Kieselstrände sind ziemlich verbaut; dafür lädt die Altstadt zu Spaziergängen ein. Über dem Ort liegt die maurische Festung *Castillo San Miguel (Di–Sa 10.30–13.30 und 17–19.30, So 10.30–14 Uhr | Eintritt 2,40 Euro)*. In der Nähe befindet sich das Archäologische Museum mit römischen und phönizischen Funden. Das größte Meeresaquarium in Andalusien, ● *Acuario Almuñécar (je nach Saison tgl. 10.30–22 oder 10–18.30 Uhr | Eintritt 12 Euro | Plaza Kuwait | www.acuarioalmunecar.es)*, bietet Platz für rund 3000 Meerestiere. Das Highlight sind die Seepferdchen. Zum Essen steuert man am besten die Calle Manila im Zentrum an. Dort gibt es einige Tapas-Lokale wie etwa das populäre *La Bodeguita*. Almuñécars schönstes Hotel ist das *Casablanca (35 Zi. | Plaza San Cristóbal 4 | Tel. 9 58 63 55 75 | www.hotelcasablancaalmunecar.com | €)*. Auskunft: *Oficina de Turismo im Palacete de la Najarra (Avda. de Europa | Tel. 9 58 63 11 25 | www.almunecar.info)*

ALPUJARRAS ★ (145 F4) *(🕮 K6)*

Verloren in der fantastischen kargen Berglandschaft der Südseite der Sierra Nevada liegen Dutzende Dörfer aus maurischer Zeit. Die Siedler brachten ihre Erfahrungen aus dem marokkanischen Atlasgebirge mit, legten bewässerte Terrassenfelder an und hinterließen eine in Andalusien einmalige Architektur. Die flachen Schieferdächer der Häuser sind mit *launa* bedeckt, einer schwarzen Erde, die das Regenwasser aufnimmt.

Ein lohnender Ausflug führt ins *Tal des Poqueira (Valle de Poqueira)* (67 km von Granada) mit den drei Dörfern Pampaneira, Bubión und *Capileira*. In Capileira finden Sie das gemütliche arabisch-andalusische Restaurant *Ibero (So-Abend und Mo geschl. | C/Parra 1 | Tel. 6 53 93 50 56 | €–€€)*. Ein schönes Hotel am Ortsrand ist die *Finca los Llanos (40 Zi. | Ctra. de Sierra Nevada | Tel. 9 58 76 30 71 | www.hotelfincalosllanos.com | €)*. Auskunft in Pampaneira: *Centro de Visitantes (Plaza Libertad | Tel. 9 58 76 31 27 | www.nevadensis.com)*. Trevélez (1480 m), 25 km weiter im Osten, nennt sich „höchstgelegener Ort Spaniens“, was aber nicht stimmt. Die Bewohner sind zudem davon überzeugt, dass ihr Schinken der beste Spaniens ist. Trevélez ist jedoch auch ohne diese Auszeichnung sehr schön und der Schinken richtig lecker.

GUADIX (145 F3) *(🕮 L5)*

Weiß gekalkte Schornsteine ragen aus der braunen Landschaft, Häuserfassaden kleben an Felsen: An die 1300 Höhlenwohnungen verteilen sich über den Stadtteil Santiago in Guadix (20 000 Ew., 58 km östlich von Granada). Schon in vorrömischen Zeiten gruben sich die Menschen hier in die Erde; heute sind die Höhlen komfortabel ausgestattet. Folgen Sie der Beschilderung „Barriada de Cuevas“. Sehenswert sind auch die maurische *Alcazaba* und die *Ka-*

thedrale (15. Jh.). Der Renaissancebau wurde von Diego de Siloë entworfen, der sich auch in der Kathedrale von Granada verewigt hat. Zum Essen und Übernachten bietet sich das gepflegte *Comercio (42 Zi. | C/Mira de Amezcua 3 | Tel. 9 58 66 05 00 | www.hotelcomercio.com | €–€€)* an. 15 km weiter östlich in La Calahorra thront die gleichnamige Renaissanceburg mit ihren vier Rundtürmen vor den oft schneebedeckten Höhen der Sierra Nevada *(Mi 10–13 und 16–18 Uhr)*. Auskunft: *Oficina de Turismo (Avda. Mariana Pineda s/n | Tel. 9 58 69 95 74 | www.guadixymarquesado.org)*.

SALOBREÑA (145 E5) (*K6*)

Das weiße Dorf (13 000 Ew., 62 km südlich von Granada) liegt auf einem kleinen Felsmassiv an der Costa Tropical. Enge, steile Straßen winden sich zwischen blumengeschmückten Häusern den Berg hinauf, der von einem arabischen *Castillo* (13. Jh.) gekrönt ist. Rundum wächst Zuckerrohr, doch die Ebene bis zum Strand verliert mit jedem neuen Hotel und jedem Apartmenthaus etwas von ihrem Charme. Oben in der Altstadt liegt mit schöner Dachterrasse das Restaurant *Pesetas (Mo geschl. | C/Bóveda 11 | Tel. 9 58 61 01 82 | €)*, spezialisiert auf gegrillten Fisch. Ein gepflegtes Hostal am Fuß der Altstadt: *Hostal Jayma (13 Zi. | C/Cristo 24 | Tel. 9 58 61 02 31 | www.hostaljayma.com | €)*. Auskunft: *Oficina de Turismo (Plaza Goya s/n | Tel. 9 58 61 03 13 | www.ayto-salobrena.org)*

SIERRA NEVADA (145 E–F4) (*K5*)

Im „Verschneiten Gebirge" bei Granada erheben sich die höchsten Berge des spanischen Festlands, der *Mulhacén* (3481 m) und der *Pico de Veleta* (3398 m). Hier befindet sich nicht nur Europas südlichstes Skigebiet, sondern auch der größte Nationalpark Spaniens. Dessen 86 000 ha sind nochmals von einem Naturpark umgeben. Hier sind u. a. Steinböcke und Adler zu Hause. Außerhalb des geschützten Bereichs kann

Fantastischer Blick auf das Felsmassiv und die Bucht von Salobreña

man sich, je nach Jahreszeit und Laune, das Passende aussuchen: Ski oder Mountainbike fahren, wandern, reiten, klettern, Allradtouren unternehmen. Auskunft und Kartenmaterial im Infozentrum des Nationalparks: *Centro de Visitantes El Donajo (April–Sept. tgl. 10–14 und 18–20, Okt.–März tgl. 10–14 und 16–18 Uhr | A 395 nach Pradollano, km 23 | Tel. 9 58 34 06 25 | www.sierranevada.es | www.nevadensis.com)*

JAÉN

(140 B4)(J3) **Die Provinzhauptstadt (117 000 Ew.) liegt wie ein Tor zu Andalusien auf einer Anhöhe vor der Sierra de la Pandera.**

Aus dem Gassengewirr der arabisch geprägten Altstadt ragt die *Renaissancekathedrale* hervor *(Mo–Sa 8.30–13 und 17–20, So 9–13.30 und 18–20 Uhr | Eintritt 5 Euro)*. Das arabische Bäderhaus aus dem 11. Jh. befindet sich in den Gewölben des *Palacio Villardompardo*, in dem ein Volkskundemuseum untergebracht ist *(Di–Sa 9–20.15, So 9–15, im Winter Di–Fr 9–20, Sa–So 9.30–14.30 Uhr | Eintritt frei)*. Die beste Sammlung iberischer Kunst in Spanien besitzt das *Museo de Jaén (Di 14.30–20.30, Mi–Sa 9–20.30, So 9–14.30 Uhr | Eintritt für EU-Bürger frei | Paseo de la Estación 29)*. Die Skulpturen zeigen faszinierend reale und mythologische Wesen und erzählen Ihnen ganze Geschichten. Über der Stadt thront das ursprünglich von den Arabern errichtete *Castillo de Santa Catalina*. Von dort aus hat man den Blick auf das, was Jaén berühmt gemacht hat: Oliven. Endlos reiht sich Baum an Baum.

CITY WOHIN ZUERST?
Plaza de la Constitución: Spannend ist der obere Teil von Jaén mit der Kathedrale. Von dort erkunden Sie die Altstadt und den Palacio de Villardompardo. Das Provinzmuseum erreichen Sie in 10 Min. zu Fuß. Günstig liegt die Tiefgarage bei der Plaza de la Constitución. Die Buslinien 1 und 2 verbinden u. a. das Provinzmuseum mit der Plaza de la Constitución.

ESSEN & TRINKEN

Ein angenehmer Platz mit Bars und Caféterrassen ist die Plaza del Posito. Tapas-Lokale wie das urige *La Manchega (C/Bernardo López 8)* finden sich in der Zone um die *Calle Cerón*.

CASA ANTONIO

Bestes Restaurant der Stadt. Klassische und kreative *cocina alta* in hoher Qualität. *So-Abend geschl. | C/Fermín Palma 3 | Tel. 9 53 27 02 62 | €€€*

ÜBERNACHTEN

PARADOR DE JAÉN

Im Castillo de Santa Catalina ist ein schönes Parador-Hotel. Auch das Restaurant im Rittersaal ist empfehlenswert. *45 Zi. | Castillo de Santa Catalina | Tel. 9 53 23 00 00 | www.parador.es | €€€*

AUSKUNFT

OFICINA DE TURISMO

C/Ramón y Cajal 4 | Tel. 9 53 31 32 81 | www.turjaen.org, www. promojaen.es

ZIELE IN DER UMGEBUNG

BAEZA UND ÚBEDA ★

46 bzw. 54 km nordöstlich von Jaén und nur ca. 8 km voneinander entfernt liegen

die beiden schönsten Renaissancestädte Spaniens, die von der Unesco zum Weltkulturerbe erklärt wurden.

In *Baeza* ((140 C3)(*K3*), 16 000 Ew.) tauchen Sie rund um die beiden Plätze Santa Cruz und Santa María in eine andere Welt ein. Den *Palacio Jabalquinto* (15.–17. Jh.) ziert eine Fassade im isabellinischen Stil. Im Kontrast dazu: die spätromanisch schlichte Kirche *Santa Cruz* schräg gegenüber. Die *Antigua Universidad* öffnete 1542 ihre Pforten. Ein malerisches Ensemble bietet die *Plaza de Santa María* mit der Kathedrale aus dem 16. Jahrhundert, dem *Seminario de San Felipe Neri* (heute Internationale Universität) und den *Casas Consistoriales*. Ein ähnlich stimmiges Ensemble ist die *Plaza del Pópulo* mit der *Fuente de Leones* mit römischen Löwenfiguren. Umgeben wird der Platz von einem Schlachthaus *(Antigua Carnicería)*, dessen Fassade ebenso prachtvoll ist wie die der Casa del Pópulo. Gut essen können Sie im *Vandelvira (So/Mo geschl. | C/San Francisco 14 | Tel. 9 53 74 81 72 | €€)*: In einem ehemaligen Renaissancekloster kreiert Küchenchefin María Salomé Delgado regionale Köstlichkeiten. Das beste Olivenöl der Region gibts in der INSIDER TIPP *Casa de Aceite (Paseo de la Constitución 9)*. Zum Übernachten bietet sich die *Hospedería Fuentenueva (13 Zi. | C/Carmen 15 | Tel. 9 53 74 31 00 | www.fuentenueva.com | €)* an. Das alte Frauengefängnis ist heute ein farbenfrohes Hotel. Auskunft: *Plaza del Pópulo | Tel. 9 53 74 04 44 | www.baeza.net*. Wenn Sie in *Úbeda* ((141 D3)(*K3*), 36 000 Ew.) den Schildern zum Parador folgen, gelangen Sie an die *Plaza Vázquez de Molina*, umringt von der architektonischen Pracht des 16. Jhs. in all ihrer Fülle: *Palacio de las Cadenas*, Kirche *Santa María de los Reales Alcázares*, Kornspeicher *Antiguo Pósito*, *Capilla del Salvador*, Adelspalast des *Deán Ortega (Tel. 9 53 75 03 45 | www.parador.es | €€–€€€)*, in dem ein Parador untergebracht ist. Wenn Sie hier übernachten wollen, fragen Sie nach INSIDER TIPP Zimmer Nr. 112. Es ist das Eckzimmer gegenüber dem Hauptportal der Capilla del Salvador. An der *Capilla del Salvador* mit einer Renaissancefassade von Andrés de Vandelvira und dem Hospital del Salvador vorbei, gelangen Sie zur ● *Plaza Santa Lucía*, von der aus Sie über endlose Olivenhaine blicken. Sehenswert sind sowohl die Kirche *Santa María* mit Kreuzgang, das *Rathaus*, die Kirche *San Pablo* als auch der Innenhof des Krankenhauses, *Hospital de Santiago*. In der INSIDER TIPP *Töpferwerkstatt Alfarería Tito (Plaza del Ayuntamiento 12)* werden wunderschöne Keramiken verkauft. Sehenswert ist das Werkstattmuseum *Paco Tito (C/Valencia 12)*. Gut essen wie bei Muttern können Sie im *El Seco (So–Do nur mittags | Corazón de Jesús 8 | Tel. 9 53 79 14 52 | €€)*. Auskunft*: C/Baja del marqués 4 | Tel. 9 53 75 08 97 | www.promojaen.es*

Reich verzierte Fassade des Palacio de Jabalquinto in Baeza

DER SÜDEN

Sonne, Sand und Meer ziehen Jahr für Jahr Millionen von Besuchern aus aller Welt an die Strände der Costa del Sol (weitere Informationen hierzu finden Sie im MARCO POLO Band „Costa del Sol") und der Costa de la Luz zwischen Nerja und Sanlúcar de Barrameda.

Doch der wahre Reiz des andalusischen Südens mit den Provinzen Cádiz und Málaga liegt jenseits der großen Hotelburgen. In der Sierra de Grazalema verkörpern die hinreißenden weißen Dörfer den Traum vom maurischen Süden. Mit ihrer wilden Schönheit kann nur das romantische Ronda auf dem gespaltenen Felsplateau mithalten. Der Beiname „de la Frontera", den viele Dörfer hier tragen, erinnert an die Zeit der Reconquista, die Zeit der christlichen Rückeroberung, in der sich im umkämpften Süden die Grenzen zwischen christlichem und maurischem Spanien ständig verschoben. In dieser Zeit der Almohaden-Herrschaft wurden enorme Festungsanlagen, arabische Bäder und kleine Moscheen gebaut.

CÁDIZ

(142 A4) (*Ⓜ C7*) **Die ganze Stadt ★ Cádiz (125 000 Ew.) ist am frühen Abend auf dem Campo del Sur oder der Alameda de Apodaca unterwegs, um die Seeluft und die letzten Sonnenstrahlen über dem Meer zu genießen.**

Die älteste Stadt Europas (gegründet im 11. Jh. v. Chr. von Phöniziern) ist an drei Seiten vom Atlantik umgeben und zum

Bild: Die Felsenküste von Nerja an der Costa del Sol

Kleine Fluchten aus den Bettenburgen – viele schöne Strände locken und im Hinterland verzaubern Sie die weißen Dörfer

CITY **WOHIN ZUERST?**
Startpunkt für die Besichtigung der ummauerten, atmosphärischen Altstadt ist die **Plaza San Juan de Díos** beim Rathaus. Dort gibt es auch gute Parkmöglichkeiten. Bis zur Kathedrale ist es nicht weit. Mit dem Überlandbus oder der Fähre ab Puerto de Santa María kommen Sie am Rand der Altstadt an.

Wasser hin mit einem Mauerring befestigt. Nur im Westen liegt davor ein kleiner Strand. Innerhalb der Mauern prägen barocke Stadthäuser, zum Teil mit hohen Aussichtstürmen, das Bild. Von hier aus schauten die Händler, ob sich ihre Schiffe dem Hafen näherten. Cádiz erhielt 1717 das Monopol für den Handel mit Lateinamerika, der zuvor Sevilla reich gemacht hatte.

Viele kleine Plätze prägen diese charmante Stadt der *gaditanos*, wie die Bewohner genannt werden.

Die mächtige Kathedrale beherrscht die Silhouette der Altstadt von Cádiz

SEHENSWERTES

CASTILLO DE SANTA CATALINA

Festung aus dem 16. Jh. mit sternförmigem Grundriss am Westufer der Stadt *(tgl. 10–19.45, im Sommer bis 20.45 Uhr | Eintritt frei)*. Nördlich liegt der kleine romantische *Parque Genovés*.

CATEDRAL

Die Kathedrale aus Sandstein, Jaspis und Marmor (1722–1838, barocke und klassizistische Elemente) leuchtet in der Sonne. Spaniens bedeutendster Komponist, der in Cádiz geborene Manuel de Falla (1876–1946), liegt in der Krypta begraben. Im Eintrittspreis für die Kathedrale ist der Besuch des *Museo de la Catedral (Mo–Sa 10–18.30, So 13.30–18.30 Uhr | Eintritt 5 Euro)* in der Casa de Contaduría an der Plaza Fray Félix eingeschlossen. Vom *Torre de Poniente* (Westturm) haben Sie einen prächtigen Blick über die Stadt. *Geführte Besichtigung alle 30 Min. | Eintritt 5 Euro*

HOSPITAL DE MUJERES

Im barocken ehemaligen Frauenhospital sind zwei schöne, grüne Innenhöfe zu besichtigen. In einer Seitenkapelle hängt das El-Greco-Gemälde „Die Ekstase des San Francisco“. *Mo–Fr 8–14 und 17.30–20.30, Sa 10–13.30 Uhr | Eintritt frei | C/Hospital de Mujeres 26*

MUSEO DE CÁDIZ

Archäologie und Kunst in einem Haus. Zu den Schätzen gehören zwei Sarkophage aus phönizischer Zeit (5. Jh. v. Chr.), eine in der römischen Siedlung Baelo Claudia gefundene Trajan-Statue und Kunst des 16.–20. Jhs. Einzigartig ist INSIDER TIPP die Sammlung an Zurbarán-Gemälden. Die Meisterschaft des vergeistigten Barockkünstlers wird in der Darstellung der Heiligenfiguren ganz besonders deutlich („Ekstase des heiligen Bruno“, „Vision des heiligen Franz von Assisi“). *Di 14.30–20, Mi–Sa 9–20.30, So 9.30–14.30 Uhr | Eintritt für EU-Bürger frei | Plaza de Mina s/n*

ORATORIO DE LA SANTA CUEVA
Gotteshaus (17. Jh.) mit anrührend schlichter Passionskapelle im Untergeschoss und monumental klassizistischer Kapelle im Obergeschoss, wo drei Arbeiten von Goya zu sehen sind. *Di–So 10–13, Di–Fr 16.30–19.30 Uhr | Eintritt 3 Euro | C/ Rosario 10A*

ORATORIO DE SAN FELIPE NERI
Eine der schönsten Barockkirchen Andalusiens. Ihre Grundform ist elliptisch. Durch die Kuppelfenster fällt flirrend das Tageslicht ein. Hier versammelten sich 1811/12 die *Cortes* (Parlament), um die erste liberale Verfassung Spaniens zu entwerfen. Auf der Plaza España erinnert ein Denkmal an das erstickte Aufkeimen der Demokratie. *Plaza San Felipe Neri*

TORRE TAVIRA
Der Aussichtsturm erhebt sich 45 m über dem Meer. Eine Camera obscura bringt bewegte Bilder aus den Gassen auf eine Leinwand. *Mitte Juni–Mitte Sept. tgl. 10–20, sonst 10–18 Uhr | Eintritt 5 Euro | C/Marqués del Real Tesoro 10 | www.torretavira.com*

ESSEN & TRINKEN

FREIDURÍA LAS FLORES
Eine Freiduría ist die südandalusische Imbissstube. Statt Wurst und Pommes gibt es frittierten Fisch und Meeresfrüchte. Lecker und fettig. *Plaza de las Flores* | €

INSIDER TIPP LA GORDA TE DA DE COMER
Das Tapas-Restaurant mit dem lustigem Namen „Die Dicke gibt dir zu essen" ist ein beliebter Treffpunkt; ein Ort mit Charme und günstigem Essen in der Altstadt. *So geschl. | C/General Luque 1 (zweites Restaurant in derC/Marqués de Valdeiñigo 4) Tel. 9 56 28 94 93* | €–€€

VENTORRILLO DEL CHATO
Eines der besten Restaurants der Stadt. 2 km außerhalb des Zentrums Richtung San Fernando. *So geschl. | Vía Augusta Julia s/n | Tel. 9 56 25 00 25* | €€€

EINKAUFEN
Neben der Plaza de las Flores mit ihrem Blumenmarkt steht der *Mercado Central,* das klassizistische Marktgebäude. Das kulinarische Angebot ist verführerisch. Der Thunfisch, der an der Costa de la Luz gefangen wird, ist eine internationale Spezialität. Tiefgefroren oder ein-

MARCO POLO HIGHLIGHTS

★ **Cádiz**
Altstadt mit feinsandigem Strand → S. 76

★ **Sherry-Bodegas**
Die Kathedralen des Weins in Jerez de la Frontera → S. 84

★ **Museo Picasso Málaga**
Málagas Hommage an seinen größten Sohn → S. 88

★ **Museo Carmen Thyssen**
Highlights der spanischen Malerei des 19. und frühen 20. Jhs. in Málaga → S. 88

★ **Ronda**
Eine Stadt hält die Balance → S. 96

★ **Tarifa**
Surferspot und südlichste Stadt Europas → S. 99

★ **Die weißen Dörfer**
Glänzende Perlen zwischen mächtigen Bergen → S. 101

Abendstimmung am Stadtstrand von Cádiz, der Playa de la Caleta

gelegt bekommt man ihn bei *Gadira, C/ Plocia 8*.

STRÄNDE

Die nur 450 m lange *Playa de la Caleta* liegt am westlichen Ende der Altstadt. Die größere *Playa de la Victoria* (2500 m) befindet sich an der Südseite der Landzunge, die Cádiz mit dem Rest Andalusiens verbindet.

FREIZEIT & SPORT

Vom Hafen aus legen mehrmals täglich Fähren nach *El Puerto de Santa María* ab *(Fahrzeit 30 Min. Rückfahrticket 4,55 Euro | Avda. del Puerto | www.cmtbc.es)*. Ebenfalls am Hafen legt mehrfach am Tag das ● INSIDER TIPP *Pepa Cádiz* zu einer Aussichtstour um die Altstadt ab und bringt Sie bis zum Sonnenuntergang zum Stadtstrand La Caleta *(1,5 Std. 12 Euro | www.albarco.com)*.

ÜBERNACHTEN

INSIDER TIPP ARGANTONIO

Das kleine charmante Altstadthotel bekommt zu Recht gute Kritiken in Internetforen wie Tripadvisor. Die Zimmer sind zwar klein, aber immer geschmackvoll und äußerst gemütlich ausgestattet. Hinzu kommen die schöne Lage und und das gute Preis-Leistungs-Verhältnis. *15 Zi. | C/Argantonio 3 | Tel. 9 56 21 16 40 | www.hotelargantonio.com* | €€

PARADOR

Modernes Haus zwischen Castillo Santa Catalina und Parque Genovés. *149 Zi. | Avda. Duque de Nájera 9 | Tel. 9 56 22 69 05* | €€€

AUSKUNFT

OFICINA MUNICIPAL DE TURISMO

Paseo de Canalejas s/n | Tel. 9 56 24 10 01 | www.cadizturismo.com, www.cadiz.es

CONIL DE LA FRONTERA

(142 B5) (D7) **An der Plaza de España drängt sich der Verkehr durch die Puerta de la Villa an den Cafégästen vorbei.** Conil (22 000 Ew.) an der Costa de la Luz, einst Rucksacktouristen und Sprachschülern vorbehalten, ist längst von den Reiseveranstaltern entdeckt worden und versucht langsam, schicker zu werden. Davon ungerührt gehen die Bewohner weiter ihren Geschäften nach, was den Reiz des Ortes ausmacht. Das Beste: der kilometerlange, mehr als 250 m breite Sandstrand. Im Westen liegen die *Calas del Cabo de Roche,* kleine Sandbuchten zwischen steilen Felswänden.

ESSEN & TRINKEN

FRANZISCO LA FONTANILLA

Schön gelegenes, populäres Strandrestaurant mit Meeresspezialitäten. *Außer Juli/Aug. Mi geschl. | Playa de la Fontanilla s/n | Tel. 9 5 6 4 4 1 0 8 0 2* | €€

FREIZEIT & SPORT

Reitausflüge unterschiedlicher Länge kann man vom *Centro Hípico Pinares y Mar (Ctra. Fuente del Gallo-Cañada El Rosal | Tel. 956443060 | Mobil 649986275 | www.picaderopacheco.com)* aus unternehmen.
Bei Wellenreitern beliebt ist der lange Sandstrand von El Palmar, 2 km südöstlich von Conil.

ÜBERNACHTEN

FLAMENCO

Nach der letzten Komplettrenovierung ist das Hotel attraktiver denn je. Wunderbare Lage etwas oberhalb vom Strand Fuente del Gallo. *114 Zi. | C/Sevilla 64–68 | Tel. 9 56 44 07 11 | www.hipotels.com* | €€–€€€

EL PÁJARO VERDE

Einfache, aber wunderbar gelegene Pension direkt am Strand der Siedlung El Palmar. Restaurant mit ökologischer Küche. *8 Zi. | El Palmar | Tel. 9 56 23 21 18 | www.elpajaroverde.com* | €

AUSKUNFT

OFICINA DE TURISMO

C/Carretera 1 | Tel. 9 56 44 05 01 | www.conildelafrontera.es

ZIELE IN DER UMGEBUNG

MEDINA SIDONIA (142 C4) (D7)

Wer die Plaza de la Iglesia Mayor hoch oben in der Stadt (12 000 Ew., 37 km nordöstlich von Conil) über ständig steiler steigende Gassen erreicht hat, wird bald mit einem Blick über die halbe Provinz Cádiz belohnt. Nur noch die Stufen

LOW BUDG€T

▶ Halten Sie in Cádiz Ausschau nach einer *freiduría,* dort gibt es frittierten Fisch günstig auf die Hand.

▶ Umsonst in die *Kathedrale von Cádiz*? Di bis Fr zwischen 19 und 20 und sonntags von 11.30 bis 13 Uhr.

▶ ● Málaga kostenlos mit dem Audioguide kennenlernen. Die MP3-Player leihen Sie sich in der Touristeninformation an der Plaza de la Marina.

des Kirchturms der *Iglesia de Santa María La Coronada (Eintritt 2,50 Euro)* aus dem 14.–17. Jh. hinauf und dort die Aussicht bis zum Atlantik und bis zur Sierra de Grazalema genießen, deren weiße Dörfer wie verschneite Gipfel leuchten.

Von den Römern blieb ein Stück der Straße erhalten. Die Calzada Romana verläuft bis zu 4 m unterhalb der Calle Alamo und kann ebenso besichtigt werden wie die antike Kanalisation *Conjunto Arqueológico Romano (Di–So 10–14 und 16–18 Uhr | Eintritt 3,10 Euro, Kombiticket einschl. Kirche Iglesia de Santa María La Coronada 4 Euro | C/Ortega)*.

Womöglich aus römischer Zeit ist auch der Turm der Ermita de los Santos Mártires. Das wahrscheinlich älteste Gotteshaus Andalusiens aus dem 7. Jh. befindet sich südwestlich der Stadt. Die Einheimischen treffen sich an der Plaza España, z. B. im *Restaurant Cádiz (Plaza España 13 | Tel. 9 56 41 02 50 | €)*, wo man auch draußen essen kann. Ein schönes Stadthotel: *Medina Sidonia (14 Zi. | Plaza Llanete de Herederos 1 | Tel. 9 56 41 23 17 | www.tugasa.com | €). Tourismusbüro: C/ San Juan (bei Plaza de Abastos) | Tel. 9 56 41 24 04 | medinasidonia.com*.

Durch das grüne Hügelland erreicht man 20 km südöstl. Benalup Casas Viejas. 1933 riefen dort Anarchisten die Revolution aus, was sie mit dem Leben bezahlten.

Den 1930er-Jahren ist auch das INSIDER TIPP *Hotel Utopia (16 Zi. | C/ Dr. Rafael Bernal 32 | Tel. 9 56 41 95 32 | www.hotelutopia.es | €€€)* gewidmet. Ein Geist spanisch-liberaler Boheme weht durch dieses einzigartige Hotel. Im Restaurant *La Fonda* gibt es regelmäßig Konzerte und Aufführungen. Weiter nörd-

Wasser speiende Frösche an der Plaza España von Vejer de la Frontera

lich schließt sich der Naturpark *Alcornocales* mit Seen und Korkeichenwäldern an. *Centro de Visitantes El Aljibe (A-2228)*.

INSIDER TIPP NMAC-KUNSTPARK

(142 C5) (*D8*)

In einem Hain mit Pinien, Korkeichen und Ölbäumen sind Skulpturen internationaler Künstler wie Olafur Eliasson, Gregor Schneider oder Sol Lewitt aufgestellt. Ein eindrucksvolles Landschaftsmuseum der Stiftung Montenmedio Arte Contemporáneo (NMAC). *Di–So 10–14 und 17–20.30, im Winter 10–14.30 und 16–18 Uhr | an der N 340, km 42,5 zwischen Tarifa und Vejer | Eintritt 5 Euro | www.fundacionnmac.org*

VEJER DE LA FRONTERA ●

(142 B5) (*D7*)

Vejer (13 000 Ew., 16 km südöstlich von Conil) ist die weiße Schönheit Andalusiens, weithin sichtbar an einem 200 m hohen Hügel erbaut. Patios voller Blumentöpfe, Azulejos und auf der palmenbestandenen Plaza de España vier Wasser speiende Frösche. Das ursprünglich maurische *Castillo* liegt mitten im Ort, dort lohnt sich ein Streifzug durch den Kunsthandwerksladen *Nuestra Artesanía* im Hof.

Im Restaurant *El Jardín del Califa (im Sommer So-Mittag, im Winter Di geschl. | Plaza de España 12 | Tel. 9 56 45 17 06 | €€)* genießt man arabisch inspirierte Küche auf einer lauschigen Terrasse oder im romantischen Gewölbe. Auch das dazugehörige Hotel *Casa del Califa (26 Zi. | Tel. 9 56 44 77 30 | www.lacasadelcalifa.com | €–€€)* überzeugt mit hellen und stimmungsvollen Zimmern. Bei Insidern heiß geliebt sind die Koch- und Grillkünste von Juan Valdés. Sein Freiluftrestaurant INSIDER TIPP *La Castillería (tgl., März–Juni nur am Mittag | Tel. 9 56 45 14 97 | €€)* liegt im Tal jenseits der Hauptstraße im Weiler Santa Lucía und ist eine grüne Oase.

Das jüngste Hotel-Highlight, das edelrustikale *Hotel V (12 Zi. | C/Rosario 11–13 | Tel. 9 56 45 17 57 | www.hotelv-vejer.com | €€€)*, ist ein Indikator dafür, wie populär Vejer mittlerweile geworden ist. Neben zwölf wundervollen Zimmern bekommen die Gäste auch einen Wasserfall geboten.

Auskunft: *Oficina Municipal de Turismo (Casa de la Cultura | C/Remedios 2 | Tel. 9 56 45 17 36 | www.turismovejer.es)*. Von Vejer bis zum Meer sind es nur wenige Kilometer. Über einen Naturpark erreichen Sie südöstlich *Barbate*. Das völlig untouristische Städtchen ist bekannt für seine Thunfischflotte.

JEREZ DE LA FRONTERA

(142 B3) (*D6*) **Jerez (210 000 Ew.) zeigt sich auf seiner Calle Larga (der Langen Straße): Die einen sitzen auf den etwas zu teuren Terrassen, einen „fino"**

> CITY **WOHIN ZUERST?**
> Wegweiser in Richtung Innenstadt (centro ciudad) sind rar. Die Sehenswürdigkeiten von Jerez liegen etwas verstreut. Starten Sie an der **Alameda Cristina**. Dort ist die Touristeninformation, wo Sie einen Stadtplan erhalten. Mit dem Auto steuern Sie am besten die zentrale Tiefgarage Plaza El Arenal an. Parken können Sie auch an der Plaza Mamelón. Die Haltestelle Santo Domingo bei der Touristeninfo wird von den Linien 2, 3, 4, 16 und 20 angefahren.

oder ein Bier in der Hand, die anderen flanieren fein gekleidet übers Pflaster. Jerez ist berühmt für seinen Wein, den die Ausländer Sherry nennen – eine Verballhornung des Stadtnamens –, für seine edlen Pferde und für seine Flamencotradition. Vor allem aber ist Jerez eine Überraschung: Es ist eine Stadt voll sonniger Eleganz, voll verschwiegener Plätze und in Schönheit ergrauter Monumente. Jerez ist aber auch eine Stadt der hohen Arbeitslosigkeit, der Tagelöhner und der feinen Herren. Jerez ist Andalusien, im Guten wie im Schlechten.

SEHENSWERTES

ALCÁZAR

Enorme Festungsanlage mit massigen Türmen, während der Almohaden-Herrschaft (12. Jh.) erbaut. Im Innern arabische Bäder, eine kleine Moschee und der Palacio de Villavicencio (18. Jh.), der das Flair maurischer Zeiten aus den Mauern vertrieben hat. *Mo–Fr 9.30–20 (Mitte Sept.–April 10–18), Sa/So 9.30–15 Uhr | Eintritt 5, mit Camera obscura 7 Euro*

LA CARTUJA

Vor den Toren der Stadt, an der Straße nach Algeciras, liegt das 1476 gegründete Kloster. Das Juwel sakraler Baukunst war bis ins 19. Jh. hinein wegen seiner Pferdezucht berühmt. *Nur während der Messe geöffnet: Di–Sa 7.30 und So/Mo 17.30 Uhr*. Shop mit Kunsthandwerk des Klosters *Di–Sa 11–14 Uhr*.

CATEDRAL

Mit ihrer imposanten Treppe, dem frei stehenden Glockenturm und dem Stilgemisch aus gotischen, barocken und klassizistischen Elementen ist die im 18. Jh. erbaute Kathedrale ein einzigartiger Sakralbau. *Mo–Sa 10–18.30 Uhr | Eintritt 5 Euro*

CENTRO ANDALUZ DE FLAMENCO

In einem Stadtpalast aus dem 18. Jh. ist das wichtigste Forschungszentrum zum Thema Flamenco in Spanien untergebracht. *Mo–Fr 9–14 Uhr | Eintritt frei | Plaza San Juan 1 | www.centroandaluzdeflamenco.es*

IGLESIA DE SAN DIONISIO

Kirche des Stadtpatrons (15. Jh.) in der lokalen Spielart des Mudéjarstils *(Eintritt nur zu Gottesdienstzeiten)*. Vor der Kirche liegt die Plaza Asunción, einer der schönsten Plätze der Stadt, an den auch das Alte Rathaus *(Cabildo Antiguo, 16. Jh.)* grenzt.

REAL ESCUELA ANDALUZA DE ARTE ECUESTRE

Eine „Reiterphantasie" im Stil des 18. Jhs. verspricht die Königlich-Andalusische Schule der Reitkunst während ihrer knapp zweistündigen Schau. *Besuch mit Trainingsvorführung und der Museen für Kutschen und „Pferdekunst" (visita temática) Mo, Di (Jan., Feb.) sonst Mi, Fr 10–14 | Eintritt 11 Euro | Besuch ohne Vorführung (visita reducida) Di, Do 10–14 Uhr, im Aug. auch Fr | Eintritt 6,50 Euro | Dressurshow März–Dez. Di, Do (Aug. auch Fr) 12 Uhr | Eintritt 21–27 Euro | Avda. Duque de Abrantes s/n | Tel. 9 56 31 96 35 | www.realescuela.org*

SHERRY-BODEGAS ★ ●

Die berühmten Weinkellereien bieten Führungen durch ihre Anlagen an (auf Deutsch).Telefonische Voranmeldung ist dringend empfohlen. Eine Auswahl: *Domecq (Mo–Fr stdl. 10–13, April–Sept. auch Sa 12 Uhr | Eintritt 8 Euro | C/San Ildefonso 3 | Tel. 9 56 15 15 00 | www.bodegasfundadorpedrodomecq.com)*. *González Byass (Tío Pepe | dt. Führungen Mo–Sa 12.15, 14, 17.15 (Sept.–Juli So 12.15 und 14) Uhr | Eintritt 16,50 Euro | C/Manu-*

el María González 12 | Tel. 9 56 35 70 00 | www.bodegastiopepe.com). *Sandeman (dt. Führungen Mo, Mi, Fr 11, 13, 14.15, Di, Do sowie Fr im Aug./Sept. 10.30, 12.30, 14 Uhr | Eintritt 7 Euro | C/Pizarro 10 | Tel. 9 56 31 29 95 | www.sandeman.com).*

ESSEN & TRINKEN

BAR JUANITO

Die berühmteste Tapas-Bar von Jerez im Zentrum der Stadt, nicht ganz billig. *So-Abend geschl. | C/Pescadería Vieja 8/10 | Tel. 9 56 33 48 38 |* €€

EL GALLO AZUL

Trinken Sie einen Sherry, probieren Sie die Tapas und schauen Sie den Menschen zu, die durch die Fußgängerzone eilen. Ohne im „Blauen Hahn" gewesen zu sein, sollte man Jerez nicht verlassen. Das Restaurant im Obergeschoss ist allerdings eher teuer. *So geschl. | C/Larga 2 | Tel. 9 56 32 61 48 |* €–€€

INSIDER TIPP EL PATIO

In der Calle San Francisco de Paula gibt es gleich mehrere gute Restaurants. Das El Patio ist familiär-gemütlich. Speisen der Region. *So/Mo geschl. | C/San Francisco de Paula 7 | Tel. 9 56 34 07 36 |* €€

EINKAUFEN

Sherry und Kunsthandwerk in der *Casa del Jerez (C/Divina Pastora 1 | Local 3 | gegenüber der Reitschule)*. Ausgezeichnete Sherry- und Brandy-Weine bekommt man in der Altstadt in den Bodegas *Rey Fernando de Castilla (Jardinillo 7–11 | www.fernadodecastilla.com)*. Flechtwaren aus Espartogras findet man in der *Casa del Mimbre (C/Corredera 46)*.

Interessanter Stilmix: die Kathedrale von Jerez de la Frontera

AM ABEND

Gute erste Anlaufstelle für den Abend sind die Lokale an der Plaza Arenal und die Bars und Lokale in der Calle Corredera.

TABLAO LAGÁ DE TÍO PARRILLA

Eine der besten Flamencobühnen Andalusiens. Aufführungen Mo–Sa ab 22.30 Uhr, seien Sie aber mindestens eine Stunde vorher da. Statt Eintritt kostet das erste Getränk nach Beginn der Show ab 18 Euro. *Plaza del Mercado s/n | Tel. 9 56 33 83 34*

ÜBERNACHTEN

CHANCILLERÍA

Kleines, sympathisches und helles Altstadthotel. Mit netter Dachterrasse und dem schicken Restaurant *Sabores*. *14 Zi. | C/Chancillería 21 | Tel. 9 56 30 10 38 | www.hotelchancilleria.com | €€*

INSIDER TIPP FÉNIX

Eine ruhige Seitenstraße im Zentrum, saubere, schöne und gut ausgestattete Zimmer für wenig Geld. Was will man mehr? *16 Zi. | C/Cazón 7 | Tel. 9 56 34 52 91 | www.hostalfenix.com | €*

HACIENDA SAN RAFAEL

Traumhafte Hacienda ca. 40 km nördl. von Jerez de la Frontera. Das 200 Jahre alte Gut besticht durch große Zimmer, Pools, Garten und gutem Restaurant. Das Frühstück wird im Zimmer oder auf der eigenen Terrasse serviert. Einsatz von Solarenergie. *Ctra. N-IV km 594 | Las Cabezas de San Juan | Tel. 9 54 22 71 16 | www.haciendadesanrafael.com | €€€*

HOTEL PALACIO GARVEY

In einem Stadtpalast des 19. Jhs. ist dieses moderne Hotel sehr schön gelegen. *16 Zi. | Pl. Rafael Rivero 24 | Tel. 9 56 32 67 00 | www.sferahoteles.com | €€–€€€*

AUSKUNFT

OFICINA MUNICIPAL DE TURISMO

Plaza del arenal | Tel. 9 56 33 88 74 | www.turismojerez.com

ZIELE IN DER UMGEBUNG

EL PUERTO DE SANTA MARÍA

(142 B4) *(D6)*

Die Stadt an der Mündung des Río Guadalete (89 000 Ew., 14 km südwestlich von Jerez) ist beliebtes Sommerziel der Spanier. Sie kommen wegen der Strände und der Meeresfrüchte – rund um die Ribera del Marisco drängen sich die Restaurants. In der Altstadt stehen die Burg *San Marcos* (13. Jh.) und die *Iglesia Mayor Prioral* aus dem 15. und 17. Jh.

Osborne, die Bodega mit dem Stier, liegt in der *Calle Moros 7 (dt. Führungen Mo–Fr 12.30 Uhr | Eintritt 8 Euro | Tel. 9 56 86 91 00)*. Das Restaurant INSIDER TIPP *Aponiente (So-Abend und Mo geschl. | Puerto Escondido 6 | Tel. 9 56 85 18 70 | €€–€€€)* wird von dem Ausnahmekoch Angel León geführt und lohnt den Umweg. Eine bezaubernde Unterkunft finden Sie im *Palacio San Bartolomé (11 Zi. | C/San Bartolomé 21 | Tel. 9 56 85 09 46 | www.palaciosanbartolome.com | €–€€)*. Das Boutiquehotel mit Minipool liegt im Altstadtzentrum.

Auskunft: *Oficina de Turismo (Plaza del castillo | Tel. 9 9 56 48 37 15 | www.turismoelpuerto.com)*

SANLÚCAR DE BARRAMEDA

(142 A3) *(C6)*

Prinz Alfons von Hohenlohe, den die Einheimischen der Einfachheit halber „Olé-Olé" nannten, ließ in Sanlúcar

(67 000 Ew., 22 km nordwestlich von Jerez) an der Mündung des Guadalquivir eine edle Feriensiedlung erbauen – wegen der wunderschönen Lage gegenüber *Nuestra Señora de la O* (14. Jh.) und dem *Castillo de Santiago* (15. Jh.). Genießen Sie an der Plaza del Cabildo einen Manzanilla, die Sherryspezialität des Ortes.

So schnell geht hier niemand ins Bett: Plaza del Cabildo in Sanlúcar de Barrameda

dem Nationalpark Doñana. Informationen über den Park bekommen Sie im *Centro de Visitantes Fábrica de Hielo (Bajo de Guía s/n | Tel. 9 56 38 16 35)*. Dort können Sie auch Bootstickets für einen Ausflug in den *Naturpark Doñana* buchen *(tgl. 10, April/Mai, Okt. auch 16, Juni–Sept. auch 17 Uhr | Ausflug 17,25 Euro | Reservierung empfehlenswert | Tel. 9 56 36 38 13 | www.visitasdonana.com)* neben dem Besucherzentrum. Dort am Fluss, wo jedes Jahr (meist im Aug.) Pferderennen ausgetragen werden, finden Sie auch eine Reihe rustikaler Fischrestaurants. Ein Klassiker ist die *Casa Balbino (Plaza del Cabildo 11 | Tel. 9 56 36 05 13 | €–€€)* mit mehr als 50 leckeren Tapas. Ein Spaziergang durch die Altstadt *(Barrio Alto)* führt zum Rathaus im nachempfundenen Mudéjarstil des 19. Jhs., zur Kirche

Ein andalusischer Traum ist die *Posada de Palacio (34 Zi. | C/Caballeros 11 | Tel. 9 56 36 50 60 | www.posadadepalacio.com | €€–€€€)* im Stadtzentrum. Auskunft: *Oficina de Turismo (Calzada de la Duquesa Isabel | Tel. 9 56 36 61 10 | www.sanlucardebarrameda.es)*

MÁLAGA

KARTE IM HINTEREN UMSCHLAG

(144 B–C5) (*H6*) **Spannende Museen, verwunschene Parks und ein neues Hafenareal – Málaga, die zweitgrößte Stadt Andalusiens (570 000 Ew.), wird immer attraktiver.** Die Zeiten, als Málaga kaum mehr war als ein Umschlagplatz für die Urlauber der Costa del Sol, sind längst Vergan-

genheit. Seit 2003 das lang ersehnte *Picasso-Museum* seine Pforte geöffnet hat, wurden im historischen Zentrum Altbauten saniert und immer mehr Straßen erwachten als hübsche Flanier- und Einkaufsmeilen zu neuem Leben. Trotz anhaltender Wirtschaftskrise tut sich was. Neue Museen wie das *Carmen Thyssen* und das*Museo Automovilístico* erweitern die ohnehin schon bemerkenswerte Museumslandschaft. Wenn der Umbau des *Museo de Málaga* im Palacio de la Aduana abgeschlossen ist, gibt es wieder ein Grund für die Malagueños, stolz auf ihre Stadt zu sein. Die freuen sich erst einmal am neu gestalteten Hafenareal, wo mittlerweile nach Barcelona die meisten Kreuzfahrtschiffe am Spanischen Festland anlegen.

SEHENSWERTES

ALCAZABA

Die maurische Festungsanlage aus dem 11. Jh. (Alcazaba ist arabisch und bedeutet Zitadelle) soll einst sogar noch schöner als die Alhambra von Granada gewesen sein. Doch die frühere Pracht ist erloschen, geblieben ist die Erinnerung an ihre vergangene Größe. *Di–So 8.30–19, im Sommer 9.30–20 Uhr | Eintritt 2,20 Euro, Alcazaba und Gibralfaro 3,55 Euro*

CITY WOHIN ZUERST?

Wer ein Fahrzeug hat, genießt zunächst den Ausblick vom Gibralfaro über Stadt und Meer. Am besten parken Sie im Parkhaus unter der **Plaza de la Marina**. Darüber ist die Touristeninformation. Von dort aus lassen sich fast alle Sehenswürdigkeiten bequem zu Fuß erreichen.

CASA NATAL PICASSO

Ein Wohnhaus an der Plaza de la Merced am Rand der Altstadt, in dem Picasso als kleiner Junge einmal gelebt haben soll, wurde zu seinem Geburtshaus erklärt. Es beherbergt heute die Picasso-Stiftung und ein kleines Museum, dessen Exponate sich vor allem mit den Jugendjahren des Künstlers befassen. *Tgl. 9.30–20 Uhr, an Feiertagen geschl. | Eintritt 2 Euro | Plaza de la Merced 15 | www.fundacionpicasso.es*

CATEDRAL

La Manquita, die kleine Einarmige, nennen die Malagueños ihre Kathedrale. Der Bau zog sich über 250 Jahre (1528–1783) hin, dann hatten die Bürger genug von den ewigen Sondersteuern für den Prachtbau – er wurde ohne den zweiten Turm beendet. Im Innern ist das Chorgestühl sehenswert, das im 17. Jh. von Pedro de Mena geschaffen wurde, ebenso wie die Orgel mit ihren 4000 Pfeifen. *Mo–Fr 10–18, Sa 10–17 Uhr | Eintritt 5 Euro*

GIBRALFARO

Auf einem Hügel über der Stadt thront die zweite maurische Festung Málagas, mit der Alcazaba durch einen mauerumschlossenen Gang, die *Coracha,* verbunden. Ein schöner Fußweg führt neben der Coracha den Hügel hinauf. Der Besuch des Gibralfaro (14. Jh.) lohnt wegen des Blicks über ganz Málaga und seinen Hafen. *Tgl. 9–20, im Winter bis 18 Uhr | Eintritt 2,20, Gibralfaro und Alcazaba 3,55 Euro, So ab 14 Uhr frei*

MUSEO PICASSO MÁLAGA ★ ●

Das Picasso-Museum in Málaga ist ein Muss für Picasso-Freunde und ein lohnendes Ziel für alle, die sich über den Maler noch keine Meinung gebildet haben. Schwiegertochter Christine Ruiz Pi-

Die Stiftung Fundación Picasso befindet sich im Geburtshaus des Künstlers

casso und ihr Sohn Bernard haben dem Museum mehr als 200 Werke aus allen Schaffensperioden gespendet oder als Dauerleihgaben zur Verfügung gestellt. Untergebracht ist die Sammlung in dem schön restaurierten Palacio de Buenavista. *Di–Do, So 10–20, Fr/Sa 10–21 Uhr | Eintritt 9 Euro | C/San Agustín 8 | www.museopicassomalaga.org*

MUSEO CARMEN THYSSEN ★

Vier Jahre lang wurde am Palacio Villalón in der Altstadt von Málaga gebaut. Das neue, 25 Mio. Euro teure Kulturhighlight zeigt 230 Arbeiten aus der Sammlung der Baronin Carmen Thyssen Bornemisza. Zu sehen sind die Malerei des 19. Jhs. sowie Malerei mit vornehmlich andalusischen Motiven u. a. von Joaquín Sorolla, Mariano Fortuny und Romero de Torres. *Di–So 10–20 Uhr | Eintritt 6 Euro | C/Compañía 10 | www.carmenthyssenmalaga.org*

ESSEN & TRINKEN

ANTIGUA CASA DE GUARDIA

Die urigste Bodega Málagas seit 1840. Guter Wein, frische Meeresfrüchte. *Tgl. | Alameda Principal 18 |* €

INSIDER TIPP CITRÓN

Sympathisches Bar-Restaurant mit internationaler Küche – eine Mischung aus Künstlercafé, Restaurant und Bar. Günstiges Tagesmenü. *Tgl. | Plaza Merced 10 | Tel. 9 52 22 63 99 |* €–€€

JOSÉ CARLOS GARCÍA ●

Spitzenkoch José Carlos García hat die Gunst der Stunde erkannt und am neuen Hafenareal ein superschickes Restaurant eröffnet. Sein klassisches *Café de Paris* in der *C/Vélez-Malaga 8* bleibt weiterhin geöffnet. Degustationsmenü ab 54 Euro. *Di–Sa nur abends, im Winter auch mittags | Muelle 1 | Tel. 9 52 00 35 88 |* €€€

INSIDER TIPP MANZANILLA

Dani García, einer der besten Köche Andalusiens, hat in der Altstadt eine schicke Bar eröffnet. Hier kann man bei köstlichen Tapas und einem Gläschen Cava entspannt den Abend beginnen. *Tgl. | C/ Fresca 12 | Tel. 9 52 22 68 51 |* €€

EL RESCOLDO

Die *Calle de la Bolsa* ist ein guter Anlaufpunkt für den Abend. Für seine leckere lokale Küche ist *El Rescoldo* bekannt. Besonders gut gelingen die Fleischgerichte wie das *Secreto Ibérico,* das versteckte Filet vom Ibérico-Schwein. *Tgl. | C/de la Bolsa 7 | Tel. 9 52 22 69 19 |* €€

TABERNA EL PIMPI

Legendäres Tapas-Restaurant in der Nähe des Picasso-Museums. *Mo-Mittag geschl. | C/Granada 62 | Tel. 9 52 22 89 90 |* €€

AM ABEND

Málagas turbulentes Nachtleben findet statt rund um die *Plaza de la Merced*, in der *Calle Granada* und am neuen Hafen. Im Sommer auch an und in den Strandbars im Stadtteil Pedregalejo *(*hier z. B. beliebt: *Chiringuito Miguelito)*.

ÜBERNACHTEN

JUANITA

Kleines, gepflegtes, ruhiges Hostal in der Innenstadt. Viele Zimmer mit Gemeinschaftsbad. *14 Zi. | C/Alarcón Luján 8 | Tel. 9 52 21 35 86 | www.pensionjuanita.es |* €

INSIDER TIPP ROOM MATE LOLA

Das Interieur des kleineren der Room-Mate-Designhotels in Málaga wirkt wie eine Synthese aus US-Design der 50er-Jahre und europäischem Konstruktivismus. Das Ergebnis ist überraschend und ziemlich cool. *50 Zi. | C/Casas de Campos 17 | Tel. 9 52 57 93 00 | www.roommatehotels.com |* €€–€€€

POSADA DEL PATIO

Das erste und bisher einzige Fünf-Sterne-Haus Málagas öffnete 2010 seine gläsernen Pforten. Am Rand der Altstadt wohnt man schön zentral. Die großen Zimmer im zeitgenössischen Design passen gut zur historischen Bausubstanz. Kleiner Pool auf dem Dach. *Pasillo Santa Isabel 7 | Tel. 9 51 00 10 20 | www.vinccihoteles.com |* €€€

AUSKUNFT

OFICINA MUNICIPAL DE TURISMO

Plaza de la Marina s/n (Zweigstellen Avda. Andalucia 1 und Plaza Merced 17) | Tel. 9 52 92 60 20 | www.malagaturismo.com

OFICINA DE TURISMO DE LA JUNTA DE ANDALUCÍA

Pasaje de Chinitas 4 | Tel. 9 51 30 89 11

ZIELE IN DER UMGEBUNG

ANTEQUERA (144 B4) *(🕮 H5)*

Etwas außerhalb von Antequera (45 000 Ew., 50 km nördlich von Málaga) liegen die *Dólmenes de Menga y Viera* (2500 v. Chr.) und der *Dolmen del Romeral (Di–Sa 9–18, So 9.30–14.30 Uhr | Eintritt frei)* (1800 v. Chr.), aus tonnenschweren Felsen errichtete Ganggräber der Megalithkultur, einmalig gut erhalten. Südlich der Stadt geht es zum *Torcal de Antequera,* einer fantastischen Kalksteinlandschaft. Auf einem einstündigen Rundwanderweg *(Ruta Verde)* durchkreuzen Sie die Felskegelversammlung.
Auch die Altstadt von Antequera mit ihren großartigen Barockkirchen lohnt ei-

nen Spaziergang: von der Plaza San Sebastián hinauf zur Plaza del Portichuelo, weiter zum *Castillo Árabe* und der *Real Colegiata de Santa María (Di–Sa 10.30–17.30, So bis 15 Uhr)*. An der Plaza de Santa María liegt das *El Escribano (So-Abend und Mo geschl. | Tel. 9 52 70 65 33 | €–€€)* mit Sonnenterrasse und regionalen Spezialitäten. Übernachten Sie im 2008 neu gestalteten, modernen *Parador (60 Zi. | Paseo García del Olmo | Tel. 9 52 84 02 61 | www.parador.es | €€–€€€)*. Auskunft: *Oficina Municipal de Turismo (Plaza de San Sebastián 7 | 9 52 70 25 05 | www.antequera.es)*

EL TORCAL (144 B5) *(H6)*

15 km südlich von Antequera haben Erosion und Zeit eine fantastische Felslandschaft geschaffen. Der *Paraje Natural El Torcal* begeistert mit Karstformationen, die man auf zwei Wanderungen vom Parkplatz am Informationszentrum aus erleben kann. Bei gutem Wetter schaut man vom *Mirador de las Ventillas* bis nach Afrika. An der Südseite des Bergrückens gibt es einen natürlichen Wolfspark. *Lobo Park | tgl. 10–18 Uhr | Eintritt 11 Euro | Ctra. Antequera–Álora | A 343 km 16 | Tel. 9 52 03 11 07 | www.lobopark.com*

GARGANTA DEL CHORRO (144 A4) *(G6)*

58 km nordwestlich von Málaga liegt die Garganta del Chorro oder Desfiladero de los Gaitanes, eine spektakuläre Schlucht, vom Guadalhorce durchflossen. Anfahrt von Álora nach El Chorro, dann Richtung Ardales. Der Fußweg durch die Schlucht *Caminito del Rey* (Königsweglein) ist wegen schlechten Zustands geschlossen. Hinter El Chorro lohnt sich ein Abstecher zu den *Ruinen von Bobastro* mit einer Kapelle aus dem 9. Jh. (sobald das Schild „Iglesia Mozárabe 300 m“ auftaucht, anhalten und den Rest zu Fuß gehen).

In Ardales gibt es eine Höhle mit 24 000 Jahre alten Felszeichnungen *(www.cuevadeardales.com)*.

Beeindruckende Megalithgräber in Antequera: Dólmenes de Menga y Viera

LAGUNA DE LA FUENTE DE PIEDRA

(144 A–B4) *(🗺 G5)*
Tausende von brütenden Flamingos sehen Sie von März bis Juli auf dem flachen Salzwassersee Fuente de Piedra, 69 km nordwestlich von Málaga. Die Lagune ist aufgrund des natürlichen Wasserzuflusses starken Schwankungen ausgesetzt.

TORREMOLINOS (144 B6) *(🗺 H6)*

Kaum vorstellbar, dass diese Stadt vor einem halben Jahrhundert noch ein beschauliches Dorf war. Dicht drängen sich Hotel- und Apartmentanlagen sowie gut 300 Bars, Restaurants und Diskos an den 7 km langen Stränden. Wer hierher kommt, sucht keine Sehenswürdigkeiten – die gibt es auch nicht –, sondern Sonne, Strand, Spaß und Unterhaltung. Torremolinos (68 000 Ew. 13 km westl. von Málaga) ist eine gut funktionierende Urlaubsmaschine, die ein Drittel des gesamten Hotelangebots der Costa del Sol bereithält. Wer bei dem enormen Restaurantangebot nicht weiß wohin, sollte sich erst einmal in Richtung *La Carihuela* bewegen. Im alten Fischerviertel werden die beliebten *pescaítos fritos* angeboten, gegrillter oder frittierter Fisch. Etwas abseits vom Rummel und 300 m vom Strand La Carihuela entfernt liegt das empfehlenswerte Hotel *La Luna Blanca (9 Zi. | Pasaje Cerrillo 2 | Tel. 9 52 05 37 11 | www.hotellalunablanca.com | €€–€€€)*. Auskunft: *Oficina de Turismo (Pl. Bals Infante 1 | und Pl. Independencia | Tel. 9 52 37 95 11 | www.torremolinos.es)*

MARBELLA

(144 A6) *(🗺 G7)* **Es ist nicht lange her, dass Marbella (139 000 Ew.) Spaniens unbestrittenes Hauptziel des Jetsets war – bis ihm Mallorca den Rang ablief.** Die Atmosphäre ist noch mondän, wenn auch nicht überall mit gutem Geschmack verbunden. Vor dem Riegel der Hotel- und Apartmentblocks liegt ein schöner Sandstrand. Dahinter das alte Dorf, weiß und voller Blumen. Mittendrin die Plaza de los Naranjos mit ihrem achteckigen Marmorbrunnen und dem Rathaus aus dem 16. Jh. 6 km westlich liegt der Yachthafen *Puerto Banús* mit teuren Restaurants, Geschäften und Diskotheken.

ESSEN & TRINKEN

INSIDER TIPP ALTAMIRANO

Es ist laut, der Fernseher läuft, und das Interieur ist keine Zeile wert. Den Gästen geht es trotzdem gut, was bei den leckeren Fischgerichten nicht verwundert. *Mi geschl. | Plaza Altamirano 4 | Tel. 9 52 82 49 32 (keine Reservierungen) | €*

CALIMA

Das beste Restaurant Andalusiens. Chefkoch Dani García liebt die Kontraste und zaubert drei avantgardistische und kostspielige Menüs. *So/Mo geschl. | C/ José Meliá | Tel. 9 52 76 42 52 | www.restaurantecalima.com | €€€*

INSIDER TIPP EL GALLO

Auch das gibt es noch in Marbella: ein Restaurant mit einfacher und guter an-

CITY WOHIN ZUERST?
Die Altstadt mit der **Plaza de los Naranjos** und die Meeresseite sind sehenswert. Günstig, nämlich genau dazwischen, liegt das Parkhaus am Park La Alameda. Ins Zentrum fahren die Buslinien 1, 2, 3, 6 und 7. Um zum Edelyachthafen Puerto Banús zu gelangen, nehmen Sie die Linie 1 ab Halt „Marbella Centro".

dalusischer Küche zu fairen Preisen. Das Restaurant liegt in der Altstadt in der Nähe der Kirche Santo Cristo und gehört zu einem ebenfalls empfehlenswerten Hostal. *Do geschl. | C/Lobatas 46 | Tel. 9 52 82 79 98 | €*

SANTIAGO

Der Restaurantklassiker an der Meerespromenade bleibt eine gute Wahl. Frische Meeresfrüchte, Fisch und Fleisch sind ausgezeichnet. *Tgl. | Paseo Marítimo 5 | Tel. 9 52 82 45 03 | €€€*

AM ABEND

In Marbella gibt es ein unüberschaubares Angebot an Bars, Pubs und Diskotheken mit Tendenz zum Schickimicki. Junge Leute treffen sich in der Altstadt rund um die Straßen Peral und Mesoncillo, auf der Plaza de los Olivos oder in der Calle Pantaleón. Einer der beliebtesten Läden der Altstadt ist das *Town House* in der Calle Álamo. Wer es gern ruhiger hat, findet in der Calle Camilo José Cela viele Bars. Das Nachtleben der Schönen und Reichen spielt sich in Puerto Banús ab. Vor Ort kann man sich im *Guía Magazine Dia y Noche* (in der Touristeninfo) informieren oder unter *www.guiamarbella.com*.

ÜBERNACHTEN

FUERTE MARBELLA | FUERTE MIRAMAR

Es gibt zwei Hotels, das *Fuerte Marbella (263 Zi. | Avda. El Fuerte s/n | Tel. 9 52 86 15 00 | €€€)* und das *Fuerte Miramar (226 Zi. | Plaza José Luque Manzano | Tel. 9 52 76 84 00 | €€–€€€)*. Beide liegen günstig, direkt am Strand und auf der Höhe der Altstadt. Zimmer und Anlage sind in beiden Häusern gepflegt und komfortabel. Den schöneren Garten und etwas mehr Atmosphäre bietet

In der Altstadt von Marbella genießt man abends Livemusik

das ältere Haus *Fuerte Marbella*. *www.fuertehoteles.com*

MARBELLA CLUB

Das renommierteste Haus am Platz. Mit der luxuriösen Bungalowanlage begann die Jetsetzeit Marbellas in den 1960er-Jahren. *121 Zi., 14 Villen | Bulevar Príncipe von Hohenlohe | Tel. 9 52 82 22 11 | www.marbellaclub.com | €€€*

INSIDER TIPP LA MORADA MÁS HERMOSA

Minihotel mit individuellen Zimmern, teils über zwei Ebenen. Ökologische Accessoires und Bettwäsche aus Baumwolle unterstützen das Wohlbefinden. Besonders schön sind das Turmzimmer oder Zimmer 2 mit Dachterrasse und Zitronenbaum. *6 Zi. | C/Montenebros 16a | Tel. 9 52 92 44 67 | www.lamoradamashermosa.com | €–€€*

Fantasiegebilde: Cueva de Nerja

AUSKUNFT

OFICINA DE TURISMO

Am Strand: *Glorieta de la Fontanilla s/n | Tel. 9 52 77 14 42*. Im Rathaus: *Plaza de los Naranjos 1 | Tel. 9 52 82 35 50 | www.marbella.es/turismo*

ZIELE IN DER UMGEBUNG

CASARES (143 D–E4) (*🕮 F7*)

Weißes Postkartendorf (5300 Ew., 56 km westlich von Marbella), wie hingewürfelt in die Sierra Bermeja, von einem maurischen *Castillo* (13. Jh.) gekrönt, an der Plaza España eine Reihe von Restaurants. Zu den Tophotels in Andalusien zählt das edle Golfhotel *Finca Cortesin (Ctra. Casares 2 km | Tel. 9 52 89 55 21 | www.fincacortesin.com | €€€)*. Sehr geschmackvolle Anlage mit ausgezeichnetem Restaurant und verschiedenen Sportmöglichkeiten. An der Ma 8300, km 7 in Richtung Küste wartet das urige Lokal *Venta García (Mo geschl. | Tel. 9 52 89 41 91 | €€)* mit knusprig gebratenem Lamm. Auskunft in der *Oficina de Turismo (C/Carrera 51 | Tel. 9 52 89 55 21 | www.casares.es)*.

MIJAS (144 B6) (*🕮 G7*)

Die Schönheit des Ortes (80 000 Ew., 31 km östlich von Marbella) zieht Tagesausflügler in Scharen an. Bleiben Sie eine Nacht im *Hotel Mijas (204 Zi. | C/Tamisa 2 | Tel. 9 52 48 58 00 | www.trhhoteles.com | €€)* und klettern Sie am frühen Morgen zum *Santuario de la Virgen de la Peña* hinauf, einer Wallfahrtskirche aus dem 16. Jh. Machen Sie Ihren Kindern eine Freude, und lassen Sie sie eine Runde Eseltaxi fahren *(Abfahrt Plaza Virgen de la Peña | 10–22, im Winter 10–18 Uhr | ab 10 Euro)*. Auskunft in der *Oficina de Turismo (Plaza Virgen de la Peña | Tel. 9 52 58 90 34 | www.mijas.es)*.

NERJA

(145 D5)(*🕮 J6*) **Schönes Städtchen (22 000 Ew.) an der östlichen Costa del Sol. Aber auch hier liegen Sie im Sommer wie Fisch in der Dose.**

Auf einem Felsvorsprung hoch über dem Meer ist mitten in *Nerja* der *Balcón de Europa* angelegt. Von der breiten Aussichtsterrasse schaut man weit übers Meer. Unten locken romantische kleine Buchten, die daran erinnern, dass Nerja, bevor es zum Touristenzentrum wurde, einmal ein Fischerdorf war. Weitere und breitere Strände finden sich beiderseits des Zentrums, das trotz des Rummels noch angenehm dörflich geblieben ist.

SEHENSWERTES

CUEVA DE NERJA

Trotz Musikberieselung und breiter Betonwege bleibt in der 4 km langen Tropfsteinhöhle Raum zum Staunen. Jedes Jahr im Juli findet im Innern ein beeindruckendes Musikfestival statt. *Tgl. 10–14, 16–18.30, Juli/Aug. durchgehend bis 19.30 Uhr | Eintritt 8,50 Euro | www.cuevadenerja.es*

ESSEN & TRINKEN

INSIDER TIPP LE RELAIS GOURMAND

Erschwingliche französische Küche in Spanien, auch das gibt es im neuen Europa. Das charmante Lokal mit den sehr freundlichen Besitzern hat eine feste Fangemeinde. *Tgl. | C/Almirante 18 | Tel. 9 52 52 23 22 | €€*

UDO HEIMER

Das Restaurant des Deutschen (nördlich des Zentrums) ist sympathisch und exquisit. Die Kreationen von Chefköchin Montserrat Mayor sind ein Genuss. *So-Abend sowie Mo–Mi geschl. | C/Andalucía 27 | Tel. 9 52 52 00 32 | €€€*

ÜBERNACHTEN

MAR AZUL

Gemütliches Hostal nahe der Playa de la Torrecilla. Die meisten Zimmer mit Blick aufs Meer. *10 Zi. | Avda. Mediterráneo 12 | Tel. 9 52 52 41 91 | €–€€*

PARADOR

Zimmer mit Balkon zum Meer. Fahrstuhl zum Strand. *73 Zi. | C/Almuñécar 8 | Tel. 9 52 52 00 50 | €€€*

INSIDER TIPP PARAÍSO DEL MAR

Liebevoll luxuriös eingerichtet, mit Blick übers Meer. *18 Zi. | Prolongación de Carabeo 22 | Tel. 9 52 52 16 21 | www.hotelparaisodelmar.es | €€–€€€*

AUSKUNFT

OFICINA DE TURISMO

C/Carmen 1 | Tel. 9 52 52 15 31 | www.nerja.org

ZIELE IN DER UMGEBUNG

FRIGILIANA (145 D5) (*J6*)

Nur 6 km nördlich von Nerja vergessen Sie für einen Tag die Costa del Sol. Je höher Sie die schmalen Gassen des durch und durch weißen Ortes (3300 Ew.) emporklimmen, desto mehr fühlen Sie sich in maurische Zeiten zurückversetzt.

El Ingenio, das größte Gebäude am Fuß des Barrio Mudéjar, des malerischsten Ortsteils, war seit 1508 der Sitz des Landadels Manrique de Lara. Heute lässt sich hier, neben viel Keramik, auch Zuckerrohrhonig erwerben.

Die *Fábrica de Miel de Caña* ist die einzige ihrer Art in Europa. Essen mit Aussicht gibt es im *El Mirador (Di geschl., Juni–Aug. nur abends | C/Santo Cristo 29 | Tel. 9 52 53 32 91 | €€)*. Eine einfache, aber ordentliche Pension ist *Las Chinas (7 Zi. | Plaza Capitán Cortés 14 | Tel. 9 52 53 30 73 | €)* mit gutem Restaurant. Frigiliana ist auch ein guter Ausgangspunkt, um den Naturpark *Tejadas y Almijara* zu besuchen. Die geschützte Fläche der Bergregion umfasst 40 000 Hektar. Auskunft in der *Oficina de Turismo (Cuesta del Apero | Tel. 9 52 53 42 61 | www.frigiliana.es)*

INSIDER TIPP MARO (145 D5) (*J6*)

Das weiße Dorf (800 Ew., 4 km östl.) ist noch immer ein absoluter Geheimtipp. Das mag daran liegen, dass man zum Hausstrand etwas laufen muss. Das Dorfleben ist ruhig und ursprünglich. Es gibt kaum Tourismus, der sich negativ auswirken könnte. Zentrum ist die Aussichtsterrasse bei der Kirche *Virgen de las Maravillas*. Mediterrane schöne Apartments mit Blick über das Meer finden sich in der *Casa Maro (9 Zi. | C/Maravillas | Tel. 627958456 | www.hotel-casa-maro.com | €–€€)* mit Ökopool.

RONDA

(143 E3) (F6) Das romantische ★ Ronda (37 000 Ew.) liegt auf einem Felsplateau, dessen Wände bis zu 165 m in die Tiefe fallen. Getrennt wird die Stadt durch eine tiefe Schlucht (spanisch: *tajo*).

Die *Puente Nuevo*, ein spektakuläres Meisterwerk der Baukunst des 18. Jhs., ist die Nahtstelle zwischen dem alten Ronda *(La Ciudad* genannt, die Stadt*)* und dem heute nicht mehr ganz neuen Teil *(El Mercadillo,* der kleine Markt*)* nördlich des Tajo, der ab dem 16. Jh. entstand. Die Römer und vor allem die Mauren, die hier erst 1485 von den Katholischen Königen besiegt wurden, hinterließen ihre Spuren. Doch das heutige, das romantische Ronda, ist das Ronda des 18. Jhs., das schon Rainer Maria Rilke während seines Aufenthalts im Winter 1912/13 begeisterte: „Die unvergleichliche Erscheinung dieser auf zwei steile Felsmassen, die die enge Flussschlucht trennt, hinaufgehäuften Stadt."

SEHENSWERTES

BAÑOS ÁRABES

Große arabische Badeanlage, die besterhaltene Spaniens, aus dem 13./14. Jh.

Die Puente Nuevo, „Neue Brücke", verbindet die beiden Stadtteile von Ronda

liegt am Fuß der Schlucht, nahe der Puente San Miguel. *Mo–Fr 10–19, Winter 18, Sa/So 10–15 Uhr | Eintritt 3 Euro*

IGLESIA SANTA MARÍA LA MAYOR

Die Hauptkirche Rondas liegt am schönsten Platz der Stadt, der mit Schatten spendenden Palmen und Lorbeerbäumen bestandenen *Plaza Duquesa de Parcent*. Der Eingangsraum öffnet sich nach einer Seite zur reich verzierten Gebetsnische der Moschee, die früher an diesem Ort stand. In der Kirche, erbaut nach der christlichen Eroberung Rondas, stoßen Gotik und Renaissance wenig versöhnlich aufeinander. *Juni–Sept. tgl. 10–20, Okt.–Mai tgl. 10–18 Uhr | Eintritt 4 Euro*

LA MINA

Der Stadtpalast *Casa del Rey Moro (April–Okt. tgl. 10–20, sonst bis 18.30 Uhr | Eintritt 4 Euro)* (18. Jh.) am Rand des Tajo ist etwas heruntergekommen, aber er hat's in sich. Von den Gärten führt ein aufwendiges Treppensystem, das ein maurischer König im 14. Jh. ins Innere des Felsens treiben ließ, 60 m in die Tiefe hinab. Die *Mina de Agua* (Wassermine) war Brunnen wie Verteidigungsanlage.

PALACIO DE MONDRAGÓN

Einer der schönen Stadtpaläste Rondas mit Innenhöfen im Mudéjarstil. Heute ist hier das *Museo Municipal* (Städtisches Museum) *(Mo–Fr 10–19, Winter bis 18, Sa/So 10–15 Uhr | Eintritt 3 Euro)* untergebracht mit Nachbauten von steinzeitlichen Gräbern und Höhlen.

PLAZA DE TOROS

Die Stierkampfarena (1785) ist die älteste Spaniens und die einzige mit komplett überdachten Sitzreihen, die in zwei Stockwerken ein ungewöhnlich großes Rund umgeben. Zur Arena gehört das *Museo Taurino (April–Sept. tgl. 10–20, Okt.–März tgl. 10–18 Uhr | Eintritt 6,50 Euro | www.rmcr.org),* das in die Geschichte des Stierkampfs einführt.

PUERTA DE ALMOCÁBAR

Das Hufeisentor (13. Jh.) am südlichen Ende der Ciudad ist ein Rest der maurischen Stadtbefestigung. Daneben ließen die Katholischen Könige Ferdinand und Isabella die in ihrer Einfachheit durchaus schöne Kirche Espíritu Santo (1505) auf den Grundlagen eines maurischen Schlosses bauen. *Mo–Sa 10–14 Uhr | Eintritt 1 Euro*

ESSEN & TRINKEN

INSIDER TIPP FAUSTINO

Sympathische Tapas-Bar mit einfachen und anständigen Gerichten im Restaurantbereich für 6 Euro. Sehr beliebt und immer gut besucht. *Mo geschl. | C/Santa Cecilia 4 | Tel. 9 52 19 03 07 | €*

PEDRO ROMERO

Schon seit Jahren ist das klassisch rustikale Restaurant eine Institution. Die Spezialität des Hauses ist Ochsenschwanz – unbedingt probieren. *Tgl. | Virgen de la Paz 18 | Tel. 9 52 87 11 10 | €€–€€€*

TRAGABUCHES

Im minimalistischen Interieur genießt man außergewöhnliche Kreationen der modernen spanischen Küche. Benito Gómez ist auch für die Küche des Tapas-Restaurants *Tragatapas (Calle Nueva)* verantwortlich. *So abends und Mo geschl. | C/ José Aparicio 1 | Tel. 9 52 19 02 91 | €€€*

ÜBERNACHTEN

ALAVERA DE LOS BAÑOS

Unterhalb der Altstadt, bei den arabischen Bädern, lässt es sich gut entspannen. Das geschmackvolle Hotel unter deutscher Leitung überzeugt durch seine ruhige Lage, die Außenanlage mit Pool, die Bibliothek und das gute Frühstück. *9 Zi. | C/San Miguel | Tel. 9 52 87 91 43 | www.alaveradelosbanos.com | €€*

REINA VICTORIA

Von außen ist das altehrwürdige Hotel von 1906, in dem schon Rilke 1912/1913 logierte, wie man es kannte: mit herrlicher Aussicht und wundervollem Garten. Innen wurde es komplett renoviert und zu einem modernen Boutiquehotel mit Spa umgebaut. Einziges Manko: Das Rilke-Museumszimmer wurde geräumt. *95 Zi. | C/Jerez 25 | Tel. 9 52 87 12 40 | www.hoteles-catalonia.com | €€–€€€*

INSIDER TIPP RONDA

Etwas oberhalb der *Casa del Rey Moro* findet sich das familiengeführte Minihotel. Das Frühstück wird auf die ansprechend modernen Zimmer serviert. *5 Zi. | Rueda Doña Elvira 12 | Tel. 9 52 87 22 32 | www.hotelronda.net | €–€€*

VIRGEN DEL ROCÍO

Nette, gut ausgestattete und günstige Pension in der Altstadt. *15 Zi. | C/ Nueva 18 | Tel. 9 52 87 74 25 | www.hostalvirgendelrocio.com | €*

AUSKUNFT

OFICINA DE TURISMO

Paseo de Blas Infante s/n | Tel. 9 52 18 71 19 | www.turismoderonda.es

ZIELE IN DER UMGEBUNG

CUEVA DE LA PILETA (143 E3) *(🗺 F6)*

Die in vorgeschichtlichen Zeiten bewohnte Tropfsteinhöhle, 27 km südwestlich von Ronda, birgt 27 000 Jahre alte Felszeichnungen. *Einstündige Führungen tgl. 10–13, 16 und 17 Uhr | Eintritt 8 Euro*

GAUCÍN (143 D4) *(🗺 F7)*

Das gemütliche weiße Dorf (2000 Ew.) in der Serranía de Ronda haben vor allem Engländer für sich entdeckt. Etliche Künstler leben hier und zeigen ihre Arbeiten in Galerien und Ateliers. Es lässt sich hier gut ein paar Tage ausspannen, z. B. im Hotel INSIDER TIPP *Casablanca (7 Zi. | C/Teodoro de Molina 12 | Tel. 9 52 15 10 19 | www.casablanca-gaucin.com | €€€)*. Stilvolles Restaurant in altem Weinkeller ist *La Fructuosa (Fr/Sa abends | C/Convento 67 | Tel. 9 52 15 10 72 | www.lafructuosa.com | €€)*, das auch fünf Zimmer *(€€)* mit Blick vermietet. Toll ist er auch vom *Castillo de Águila (tgl. 10–13.30 und 16–19.30 Uhr)*, das im späten 9. Jh. erbaut wurde. Auskunft: *Oficina del Turismo (Paseo Ana Toval | Tel. 9 52 15 10 00 | www.gaucin.es)*

TARIFA

(143 D6) (*E8*) ★ **Tarifa (18 000 Ew.) wurde benannt nach dem Berberführer Tariq ibn Ziyad, der 710 n. Chr. erstmals die Straße von Gibraltar überquerte und damit die Eroberung Iberiens vorbereitete.**
Die Atmosphäre schmeckt ein wenig nach Goa und Australien, versetzt mit einem kräftigen Schuss maurischer Vergangenheit. Hier, am südlichsten Zipfel Spaniens, bläst der Wind durch die Meerenge, sodass Baden oft kein Spaß ist. Die Surfer finden das gut – Tarifa ist High Wind Area.

SEHENSWERTES

CASTILLO DE GUZMÁN EL BUENO

Gut erhaltene maurische Festung (10. Jh.). 1292 eroberten die Christen die Stadt, doch die Araber gaben sich nicht geschlagen. Während einer Belagerung nahmen sie den Sohn des Statthalters Alfonso Pérez de Guzmán gefangen. Statt Tarifa im Austausch gegen seinen Sohn den Mauren zu übergeben, warf Guzmán ihnen vom Turm sein Schwert hinab, um den Jungen zu töten. Das brachte ihm den Ehrennamen *El Bueno* ein, der Gute. *Di–Sa 11–14 und 17–19, So 11–14 Uhr | Eintritt 2 Euro*

PLAZUELA DEL VIENTO

Vom „Windplätzchen", das seinem Namen alle Ehre macht, haben Sie einen tollen Blick aufs 20 km entfernte Afrika.

ESSEN & TRINKEN

MISIANA BAR

Gutes Frühstück, nettes Café, coole Lounge am Abend. *Tgl. | C/Sancho IV El Bravo 16 | Tel. 9 56 62 74 14*

MORILLA

Das Bar-Restaurant an der *Plaza Oviedo* ist das Wohnzimmer der Stadt und im-

Tarifa, der südlichste Punkt Spaniens, ist ein Hot Spot für Surfer

mer gut besucht. Einfache, typische Küche. *Tgl. | C/Sancho IV El Bravo 2 | Tel. 9 56 68 17 57 | €*

FREIZEIT & SPORT

Wind- und Kitesurfen, Stand-up Paddling, Wellenreiten, Reiten, Mountainbiking, Klettern, Paragliding: alles möglich. Fragen Sie bei der Toursteninformation. Vom Hafen werden ein- oder zweitägige Ausflüge ins benachbarte Tanger in Marokko angeboten *(FRS: mehrmals tgl. | Tel. 9 56 68 18 30 | Tagestour 59 Euro | www.frs.es)*. Bootsausflüge mit Walbeobachtung: *Whale Watch Tarifa (Reservierung Tel. 9 56 62 70 13 | www.whalewatchtarifa.net)* und *firmm (Tel. 9 56 62 70 08 | www.firmm.org | 30 Euro)*.

ÜBERNACHTEN

ALAMEDA
Einfaches Hotel am Castillo. *27 Zi. | Paseo Alameda 4 | Tel. 9 56 68 11 81 | www.hostalalameda.com | €–€€*

DOS MARES
Das schönste Hotel am Surferstrand *Los Lances*, im andalusischen Stil, mit erstklassigem Restaurant. *48 Zi. | Ctra. N340, km 79,5 | Tel. 9 56 68 40 35 | www.dosmareshotel.com | €€–€€€*

POSADA LA SACRISTÍA
Kleinere Hotels mit ausgesuchtem Design sind in Tarifa sehr gut nachgefragt. *La Sacristía* ist ganz sicher eines der schönsten von ihnen. Hier findet man noch individuelle Zimmer mit besonderer Atmosphäre, eine kleine Sonnenterrasse, ein Loungerestaurant und die Möglichkeit sich mit Massagen verwöhnen zu lassen und zu entspannen. *Zi. | C/San Donato 8 | Tel. 9 56 68 17 59 | www.lasacristia.net | €€€*

AUSKUNFT

OFICINA DE TURISMO
Paseo de la Alameda s/n | Tel. 9 56 68 09 93 | www.aytotarifa.com/Turismo/aleman.htm, www.aytotarifa.com/turismo

ZIELE IN DER UMGEBUNG

INSIDER TIPP BOLONIA
(142 C6) *(E8)*

Weite Bucht mit feinem Sandstrand (dem schönsten weit und breit), ein paar *hostales* und *chiringuitos,* 23 km nordwestlich von Tarifa. Ein familiäres Hostel und Restaurant direkt am Strand ist *Los Jerezanos (25 Zi. | Lentiscal 5 | Tel. 9 56 68 85 92 | €€)*. Nebenan Reste der römischen Kleinstadt Baelo Claudia mit Rundweg *(Juni–Sept. Di–Sa 10–20, Okt.–Mai Di–Sa 10–19, So 10–14 Uhr | Eintritt für EU-Bürger frei)*; am Eingang Prospekte.

INSIDER TIPP CASTELLAR DE LA FRONTERA
(143 D5) *(E7)*

Ein Traum: 70 Häuser drängen sich dicht an dicht innerhalb der Mauern der maurischen Festung (13./14. Jh.), die auf der Kuppe eines kleinen Berges erbaut wurde. Autos (von der Landstraße A 405 den Schildern Richtung Castillo de Castellar folgen, 49 km nordöstlich von Tarifa) bleiben vor dem Burgtor. Nur fünf Minuten brauchen Sie, um zu Fuß die wenigen, mit Kletterpflanzen bewachsenen, Gässchen der Siedlung zu durchstreifen und auch einen Blick vom *Mirador* auf den Stausee zu werfen. 1971 verließen die damaligen Bewohner das Castillo und bauten sich ein neues Dorf in der Ebene. Aussteiger zogen in die leer stehenden Häuschen. Ein gemütliches Restaurant und Ihr eigenes Häuschen zum Übernachten finden Sie im *Castillo de Castellar (9 Häuser für 2–6 Pers. | Restau-*

rant tgl. | C/Rosario 3 | Tel. 956693150 | www.tugasa.com | €€–€€€).

GIBRALTAR (143 D5–6) *(🕮 F8)*
Wer von Andalusien kommend die Grenze passiert, betritt eine andere Welt. Entsprechend geht an der Grenze nichts ohne Ausweis. Stellen Sie sich hier auf umfangreiche und akribische Kontrollen ein.
Gibraltar (41 km nordöstlich von Tarifa, 29 000 Ew.) ist very British, der Felsen gehört seit 1713 zu Großbritannien. Um die 7 Mio. Besucher kommen jedes Jahr. Ihre Ziele: ein mächtiger Felsen, der von Affen bewohnt wird, und die Main Street mit Shops zum steuerfreien Einkaufen. Lohnend ist ein Besuch im *Naturreservat Upper Rock* mit der *St. Michael's Cave* (Tropfsteinhöhle), den *Great Siege Tunnels* (Verteidigungsanlage vom Ende des 18. Jhs.), dem *Ape's Den* (hier turnen die berühmten Berberaffen herum) und schöner Aussicht. Am besten fahren Sie mit dem Cable Car zum Reservat hinauf *(Mo–Sa 9.30–17.15 Uhr | Hin- und Rückfahrt 13,75, inkl. Naturreservat 27,75 Euro)*. In Gibraltar werden auch Euro akzeptiert. Ebenfalls beliebt ist *Dolphin-Watching (ca. 35 Euro/Person):* Mehrere Anbieter starten meist von der Marina Bay aus. Wenn Ihnen der Sinn nicht nach Fish & Chips steht, essen Sie im eleganten *Nuno´s (Catalan Bay | Tel. +350 20076501 | €€€)*, im vielleicht besten Hotel des Landes: *The Caleta Hotel* . Eine Nacht in Gibraltar lässt sich stilecht im *Hotel Bristol (60 Zi. | Cathedral Square 8/10 | Tel. +350 20076800 | www.bristolhotel.gi | €€)* verbringen. Das historische Haus im Kolonialstil liegt sehr zentral. Wenn Sie bis abends bleiben, können Sie ruhig mit dem Auto nach Gibraltar hineinfahren, die Wartezeit am Kontrollposten bei der Ausfahrt wird dann nicht allzu lang sein.

Berberaffe von Gibraltar

Sonst parken Sie kurz vor der Grenze in *La Línea*. Bis zur Main Street sind es 15 Min. Fußweg. Oder Sie nehmen hinter dem Kontrollposten ein Taxi. Die Zollbestimmungen entsprechen denen eines Nicht-EU-Landes. Waren bis zu 300 Euro (bzw. 430 Euro für Flug- und Seereisende) und 200 Zigaretten und 1 Liter Spirituosen sind zollfrei.
Auskunft: *Gibraltar Tourist Board (Cathedral Sq. | Tel. +350 45000 | www.gibraltar.gov.uk/holiday.php)*

DIE WEISSEN DÖRFER

★ **Unwirklich strahlende Tupfer wurden von Menschenhand allerorten in die grüne, braune und graue Landschaft Andalusiens gesetzt:**
Die weißen Dörfer – gekalkte Häuser in fast perfektem Weiß – reflektieren die Sonne, damit sich die Wohnräume nicht

zu Glutöfen aufheizen. Einer richtig klugen Tourismusförderung ist es zu verdanken, dass die weißen Dörfer zwischen Ronda und Arcos de la Frontera heute fast ein Markenname sind.

SEHENSWERTES

ARCOS DE LA FRONTERA

(142 C3) (*🕮 E6*)

Wer auf der Plaza del Cabildo im Herzen der Stadt (32 000 Ew.) angekommen ist, den zieht es als Erstes zum *Mirador de la Peña Nueva*. Der Blick hinab in die Tiefe verschlägt einem die Sprache. Arcos liegt wie eine weiße Platte auf einem ockerfarbenen Felsmassiv, das im Südwesten 160 m senkrecht zum *Río Guadalete* abfällt. Dem Mirador gegenüber auf der anderen Seite des Platzes liegt die *Basilika Santa María* (15. Jh.) mit mächtigem Glockenturm. Auf der linken Seite des Platzes steht das *Rathaus* (mit schöner Artesonado-Decke), dahinter die über 1000 Jahre alte maurische *Burg*. *Oficina Municipal de Turismo (Tel. 9 56 70 22 64 | www.turismoarcos.es)*. Auf der rechten Seite liegt der *Parador (24 Zi. | Tel. 9 56 70 05 00 | €€–€€€)*, von dessen Balkonen man direkt in die Tiefe schaut.

Neben dem Parador führt die von steinernen Bögen überspannte *Calle de los Escribanos* ins Gewirr der Altstadtgassen. Bald stoßen Sie auf das *Convento de Mercedarias Descalzas (1642, barocker Altaraufsatz, tgl. 8.30–14.30 und 17–19 Uhr | Plazuela de Botica 2)*. INSIDER TIPP Hier verkaufen die Nonnen selbst gemachte kleine Kuchen über eine Durchreiche. Übernachten können Sie in der *Casa Grande (7 Zi. | Maldonado 10 | Tel. 9 56 70 39 30 | www.lacasagrande.net | €–€€)*. Das stimmungsvolle Stadthaus steht direkt an der Felskante. Schön sind der Patio und die liebevoll eingerichtete Bibliothek. Das ungewöhnlichste Restaurant der Stadt ist die INSIDER TIPP *Taberna de Boabdil (tgl. | Paseo de Boliches 35 | Tel. 9 56 70 51 91 | €)*. Es liegt in einer Höhle, von der der Besitzer behauptet, sie sei in der Zeit nach der Reconquista als Synagoge genutzt worden. „Eine Fusion der Kulturen, die in Arco lebten", nennt der Koch seine Speisen, deren Zutaten z. T. aus dem eigenen Ökogarten stammen. Wer es stilvoller mag, wird im Parador-Restaurant *El Corregidor (tgl. | Plaza del Cabildo | Tel. 9 56 70 05 00 | €€€)* glücklich werden.

INSIDER TIPP BENADALID

(143 E4) (*🕮 F7*)

Noch immer thront die maurische Festung hoch über dem Tal, doch ihre Mauern beherbergen jetzt Tote: Ein Friedhof aus weißen Grabnischen ist darin eingerichtet. Benadalid (270 Ew.) ist ein verzauberter Fleck in der Serranía de Ronda. Oben an der Hauptstraße steht das einzige, einfache, aber ordentliche Hostal des Ortes: *Aguayar (5 Zi. | Ctra. A 369, km 25 | Tel. 9 52 15 27 68 | €)*

GRAZALEMA (143 D3) (*🕮 F6*)

Dem spitz aufragenden Peñón Grande (Großer Fels) zu Füßen liegt das weiße Städtchen (2200 Ew.), geografisches und touristisches Zentrum des Naturparks *Sierra de Grazalema*. Auf der *Plaza de España* findet das Touristenherz, was es begehrt: Läden (schöne handgearbeitete Decken!), Bars, Restaurants. Mitten im heißen Andalusien ist dies der regenreichste Ort Spaniens. Davon profitiert die hier zahlreich wachsende Igeltanne, die aussieht wie der ideale Weihnachtsbaum. Ein Vier-Sterne-Hotel mit ausgezeichnetem Preis-Leistungs-Verhältnis ist das *Fuerte Grazalema (77 Zi. | Baldío de los Alamillos | A 372, km 53 | Tel. 9 56 13 30 00 | www.fuerte.com | €€)*. Es

Wirklich wahr: Grazalema ist der regenreichste Ort Spaniens

liegt außerhalb und bietet vom Pool aus eine tolle Aussicht über die Bergwelt. Ein schönes preiswertes Hotel: *Casa de las Piedras (30 Zi. | C/Las Piedras 32 | Tel. 9 56 13 20 14 | www.casadelaspiedras.org | €)*. Auskunft: *www.grazalema.es*

SETENIL DE LAS BODEGAS

(143 E3) (*F6*)

Das spektakuläre Dorf (3000 Ew.) ist in die enge Schlucht des Río Guadalporcún gezwängt. Von vielen Häusern ist nur die Fassade zu sehen, der Rest ist in den Fels geschlagen. An der höchsten Stelle des Ortes überragt der Turm des maurischen Kastells die Landschaft und erlaubt, wenn er nicht verschlossen ist, Blicke bis nach Olvera. Setenil hält sich zugute, die Tapas erfunden zu haben, und bietet eine *Ruta del Tapeo* an. Zu empfehlen sind das INSIDER TIPP *La Tasca (Mo und außer Sa abends geschl. | C/Cuevas del Sol 71 | €)* und das *Restaurante El Mirador (Mo geschl. | Tel. 6 59 54 66 26 | €)*. Am Ortseingang von Ronda aus liegt schön, preiswert und mit Pool das Hotel *El Almendral (28 Zi. | Ctra. Setenil–Puerto del Monte s/n | Tel. 9 56 13 40 29 | www.tugasa.com | €)*. Auskunft: *Oficina de Turismo (C/Villa 2 | Tel. 9 56 13 42 61, 6 59 54 66 26 | www.setenil.com)*

ZAHARA DE LA SIERRA

(143 D3) (*F6*)

Zahara (1600 Ew.) scheint nur aus einer steilen Straße zu bestehen. Der Ort wurde ein Felsmassiv hinaufgebaut, das von der maurischen *Torre de Homenaje* (13. Jh.) gekrönt wird. In der in der Ortsmitte finden Sie das Restaurant mit Tapas-Bar *Los Naranjos (tgl. | Tel. 9 56 12 33 14 | €)*. Zum Teil in der alten Festung untergebracht ist das Hotel *Arco de la Villa (17 Zi. | Camino Nazarí s/n | Tel. 9 56 12 32 30 | www.tugasa.com | €)*. Auskunft, auch über Wanderungen, Ausritte, Kanutouren: *Oficina de Información del Parque Natural (Plaza del Rey 3 | Tel. 9 56 12 31 14)*. *www.zaharadelasierra.es, www.zaharacatur.com*

AUSFLÜGE & TOUREN

Die Touren sind im Reiseatlas, in der Faltkarte und auf dem hinteren Umschlag grün markiert

1 DAS GRÜNE ANDALUSIEN

Eine Rundfahrt von Sevilla zum Nationalpark Doñana und zur Sierra de Aracena mit Stopp an den Kolumbus-Stätten. Am besten planen Sie auf der 400 km langen Strecke zwei Übernachtungen ein.

Auf der A 49 Richtung Huelva fahren Sie aus Sevilla hinaus. Nehmen Sie die Ausfahrt bei km 48 und folgen den Schildern „P. N. Doñana". Schnurgerade führt die Straße durch das flache Schwemmland westlich des Guadalquivir. Die Geschwindigkeitsbegrenzung sollte man ernst nehmen, hier wird gerne geblitzt. Der erste Halt ist in **El Rocío** → S. 47. Sandtrassen führen durch das Dorf, das zu Pfingsten von bis zu einer Million Menschen bevölkert wird. Die Wallfahrtskirche mit der Jungfrau vom Morgentau lockt das ganze Jahr über fromme Pilger. Hinter El Rocío beginnt der **Nationalpark Doñana** → S. 45. Kurz vor Matalascañas biegen Sie in ein Sträßchen zum Besucherzentrum **El Acebuche** → S. 46 ab. Hier kann man auf einem Lehrpfad durch das Randgebiet des Parks spazieren oder eine Tour ins Innere des Nationalparks buchen. Die grünen Geländebusse starten im Sommer Mo–Sa um 8.30 und 17 und im Winter Di–So um 8.30 und 15 Uhr. Sie sind die einzige Möglichkeit, die geschützten Landschaften des inneren Parks und seine Tierwelt zu erleben. Weiter auf der A 494 Richtung Mazagón – wenn Sie Lust auf Meer haben, halten Sie am **Parkplatz Cuesta Maneli**

 Bild: Kathedrale von Guadix

Mit dem Auto, dem Fahrrad oder zu Fuß – durch abwechslungsreiche Landschaften führen wir Sie von Dorf zu Dorf

→ S. 47 und laufen durch die Dünen zum Strand. Für die erste Nacht bietet sich der **Parador → S. 47** von Mazagón an. Hinter Mazagón nehmen Sie den Abzweig nach **Palos de la Frontera** und **La Rábida → S. 45**, wo Sie auf Nachbauten der Kolumbus-Schiffe herumklettern können. Im Kloster *La Rábida* können Sie sich vorstellen, wie Kolumbus die Patres für seine Idee begeisterte und sie nach Wegen suchten, damit er bei der Königin Isabela vorsprechen konnte. Über Moguer und Niebla , die beide einen kurzen Aufenthalt wert sind, geht es auf der Nebenstrecke HV 5111 durch sanftes Bergland nach Valverde del Camino.

Die Strecke wird nun immer bergiger und kurvenreicher. 55 km hinter Valverde ist der Abzweig nach **Aracena → S. 32** ausgeschildert. Dort suchen Sie sich vielleicht ein Hotel für die Nacht und probieren die lokale und weltberühmte Spezialität, den Ibérico-Schinken. Die edelsten Keulen, der Jamón Ibérico de Bellota, stammt von Schweinen der dunklen Ibérico-Rasse. Sie haben sich in der letzten Phase ihres kurzen Lebens in den *dehesas* (beweidete Eichenhaine)zwischen Andalusien und der Extremadura nur von Eicheln ernährt. Zu einem Ausflug in die waldreiche Sierra de Aracena gehört unbedingt auch eine Wanderung. Eine überschaubare Tour von knapp 6 km führt ab Almonaster la Real zum Cerro San Cristóbal. **Almonaster la Real → S. 35** ist eines der schönsten Dörfer der Region. Auch nicht versäumen sollten Sie **Fuenteheridos** und **Alájar → S. 35**. Berühmt für seine Maronenwälder ist Castaño del Robledo. Kurz vor Alájar kommen Sie an der Ermita Reina de los Ángeles (Schild „Pena de Arias Montano" folgen) vorbei, ein Ausflugsziel mit Restaurant, Keramiklädchen und Blick auf Alájar. Auf der Rückfahrt nach Sevilla lohnt ein Abstecher ins Dörfchen **Zufre → S. 36**. Kurz vor der Landeshauptstadt werden Sie während des spannenden Spaziergangs durch die Ruinen von **Itálica → S. 57** staunen, welche Annehmlichkeiten und Kultur die Römer ihren Bürgern auch in der fernen Provinz Hispanien zu bieten hatten.

2 DAS WÜSTE ANDALUSIEN

Weite Gegenden des andalusischen Ostens sind nichts als Stein und Sonne. Für die 250 km von Mojácar bis Cazorla sollten Sie sich zwei Tage Zeit nehmen, für die 100 km von Cazorla bis Jaén einen weiteren Tag.

Von San José im **Naturpark Cabo de Gata → S. 61**, wo Sie den Morgen vielleicht mit einem Bad an der Playa del Mónsul begrüßt haben, fahren Sie durch die vulkanisch karge Parklandschaft. Sie sehen die alte Goldmine von Rodalquilar und außerhalb der Parkgrenzen die riesigen Gewächshäuser, in denen Gemüse für die Supermärkte in Mittel- und Nordeuropa wächst. Über das nette Städtchen Níjar führt die kurvig-schmale Bergstraße AL 3107 in die einzige Wüste Europas, El Desierto de Tabernas. Kurz bevor Sie auf die A 92 in Richtung Granada stoßen, kommen Sie an den **Westernstädten → S. 62** vorbei, wo so mancher Filmklassiker gedreht wurde. Auf der A 92 nach Guadix hat man einen Panoramablick über die Sierra de los Filabres und die Sierra Nevada. Bei Calahorra sehen Sie linker Hand die gleichnamige Renaissanceburg vor den meist schneebedeckten Ostausläufern der Sierra Nevada. Die weite Ebene wird von immer mehr Solarkollektoren bedeckt. Sie gehören zum derzeit größten Solarkraftwerk Europas. Den kleinen Bahnhof von La Calahorra dürfen Filmfans nicht auslassen. Hier wurde die Anfangsszene aus „Spiel mir das Lied vom Tod" gedreht.

Guadix → S. 72 ist nicht nur wegen seiner Höhlenwohnungen interessant. Auch das Stadtzentrum mit der mächtigen Kathedrale und der netten Plaza de la Constitución. Nur wenige Schritte entfernt befindet sich das romantische Altstadthotel **Abentofail** *(C/Abentofail | Tel. 9 58 66 92 81 | www.hotelabentofail.com | €–€€)* mit gutem Restaurant. Nehmen Sie hinter Guadix die A 92N und fahren Sie nach 25 km bei Baúl (Abfahrt 321) nach Bácor-Olivar ab. Hier beginnt das abenteuerlichste Stück der Strecke, quer durch den INSIDER TIPP Altiplano der Provinz Granada. Sie fahren auf 1000 m Höhe über hartes Steppenland. Mit einem Mal taucht vor Ihnen der **Embalse del Negratín** auf, ein türkis schimmernder Stausee. Die Straße überquert die Talsperre, dahinter liegt das Restaurant **El Pantano del Negratín** *(Mo geschl. | Tel. 9 58 34 22 65 | €)* mit Blick aufs Wasser, der ideale Pausenstopp. Die Landschaft verändert sich mit einem Schlag, wenn Sie die Provinzgrenze nach Jaén

Perfekte Filmkulisse: Westernstadt in der Desierto de Tabernas

überqueren. Links und rechts nichts als Oliven. Nehmen Sie auf dem weiteren Weg von Pozo Alcón nach Quesada die Nebenstrecke, die sich durch Kiefernwälder zum Puerto de Tiscar hinauf windet – das ist der Südzipfel der Sierra de Cazorla. Der Blick hinab vom Pass auf die Olivenhaine raubt einem den Atem. Es geht bergab nach Quesada und dahinter wieder rechts bergauf über eine Nebenstraße nach **Cazorla** → S. 63. Nach der Fülle dramatisch schöner Landschaften braucht das Auge dringend etwas Ruhe, und der Magen meldet sich auch. Wie wäre es mit einer Nacht im abgelegenen Parador von Cazorla? Dort bekommt man beides, ein Menü mit lokalen Spezialitäten und viel Ruhe. Der nächste Tag gehört der Kultur. Von Cazorla aus geht es durch die schier endlosen Olivenbaumreihen in die Renaissancestädte **Baeza und Úbeda** → S. 74. Wer jetzt noch nicht genug Kultur hat, schaut sich als Finale die **Kathedrale von Jaén** → S. 74 an und betrachtet vom Castillo aus das wogende Meer aus Olivenbäumen.

3 WANDERN VON DORF ZU DORF

Diese mittelschwere Wandertour führt durch das schöne Valle de Poqueira in den Alpujarras. Höhenunterschied ca. 800 m, Gehzeit 5 Std. Die 12 km lange Route verbindet die malerischen Orte Bubión, Pampaneira und Capileira.

Im vielleicht schönsten Tal der westlichen Alpujarras, dem **Valle de Poqueira** → S. 72, kleben die Dörfer an den Hängen einer tief eingeschnittenen Schlucht. Bis in den Frühsommer leuchten im Hintergrund die schneebedeckten Gipfel der Sierra Nevada. **Capileira → S. 72** ist das höchstgelegene Dorf des Tals und der Ausgangspunkt dieser Wanderung. Sportliche Naturen wird es reizen, von hier aus den **Mulhacén → S. 73** zu besteigen, was allerdings nur bei guten und stabilen Wetterverhältnissen und entsprechender hochalpiner Ausrüstung zu empfehlen ist. An dieser Stelle soll allerdings die sanftere Tour durchs Tal gegangen werden, bei der immerhin Höhenunterschiede von insgesamt 800 m zu bewältigen sind. In Capileira gehen Sie auf der Calle del Castillo im oberen Ortsteil zur ehemaligen Siedlung **La Cebadilla**. Der Weg folgt dem Río Poqueira und quert ihn nach etwa 1 Std. hinter La Cebadilla. Auf der Westflanke des Tals geht es nun wieder in die Gegenrichtung zurück. Zunächst muss ein kurzer Aufstieg bewältigt werden, ehe Sie entlang des Tals der Piste folgen. Diese quert nach etwa 45 Min den Río Poqueira über die Puente Buchite und dann abermals über die Puente de Chiscar, sodass Capileira auf der anderen Talflanke bleibt. Der nicht immer gut markierte Weg (ein roter Punkt) nähert sich nach einer weiteren Stunde wieder dem Fluss, den Sie jedoch diesmal nicht überqueren. Sie bleiben auf der Westflanke, steigen abermals bergauf bis zu einer ehemaligen Mühle, ehe es steil nach Pampaneira hinuntergeht. Nun wird es höchste Zeit für eine Rast, z. B. in der **Casa Julio**. Danach können Sie sich das schöne Dorf ansehen. Werfen Sie einen Blick auf die **Plaza Libertad** mit der Kirche Santa Cruz aus dem 17. Jh. In den lokalen Shops werden die typischen Teppiche der hohen Alpujarras angeboten. Über die steile Calle Real ver-

Capileira, eines der berühmten weißen Dörfer der Sierra Nevada

lassen Sie nun wieder das Dorf und folgen dem **Camino Real** nach Bubión. Der Weg ist leicht zu erkennen, da er ein Teilstück des Fernwanderwegs GR 7 ist und mit einem rot-weißen Balken markiert ist. In Bubión können Sie auch die typische Bauweise der Region vorfinden. Die *terraos*, die Flachdächer der einfachen Wohnbauten, sind mit Launa – einer Tonerde – bedeckt, die Feuchtigkeit aufnehmen kann und das Dach abdichtet. Nun hängt es von Ihrer Kondition ab, ob Sie die kürzere Route nehmen und einfach der Straße bis Capileira folgen oder abermals ins Tal in Richtung Puente Molino steigen und sich sozusagen von unten dem malerischen Dorf nähern, von dem Sie je nach Wandertempo vor fünf bis sechs Stunden aufgebrochen sind.

4 RADELN ZWISCHEN OLIVEN

Die Sierra Subbética mit ihrer gemäßigten Bergwelt und den weiten Olivenbaumplantagen gehört zu den weniger bekannten Naturräumen Andalusiens. Um die offene Landschaft und einige ihrer schönen Dörfer kennenzulernen, eignet sich das Fahrrad besonders gut. Die hier ausgewählte Strecke mit einer einfachen Länge von 48 km bietet hin und zurück 96 autofreie Kilometer Fahrgenuss. Ein Tipp: Auf der Website der Vías Verdes *(www.viasverdes.com)* **lässt sich ein Faltblatt zur Strecke herunterladen:** *www.viasverdes.com/folletos/vv_subbetica_folleto.pdf*.

Die **Vía Verde de la Subbética** verläuft nördlich des Naturparks. Sie hat eine Gesamtlänge von 56 km. An ihrem östlichen Ende schließt sich die Vía Verde del Aceite mit einer Länge von 55 km bis Jaén an. Ein praktischer Startpunkt ist der ehemalige Bahnhof *(estación)* von Luque; er liegt direkt an der N432 und ist leicht zu finden. Es gibt dort auch ein Lokal. Beim Wirt kann man nach Rädern fragen, besser ist es jedoch, sein Bike selbst mitzunehmen. Dann mal los! Wenn Sie möchten, legen Sie nach 8 km einen ersten Halt in Zuheros ein.

Das weiße Dorf liegt imposant an einem Felsgrat. Kurz vor dem ehemaligen Bahnhof geht es wieder über eine alte Stahlbrücke, diese quert die Schlucht von Bailón. Die Natur mit viel Grün, Felsen und die Dörfer erinnern an die Miniaturlandschaften einer Modelleisenbahn. Den höchsten Punkt der Strecke erklimmen Sie bei Kilometer 20. Wirklich anstrengend ist das nicht, gemessen vom Startpunkt mussten Sie bisher 200 Höhenmeter bewältigen. Dennoch gut zu wissen, dass es ab jetzt tendenziell nur noch bergabgeht. Hinter Doña Mencia und etwa 5 km vor der Ortschaft Cabra führt die Strecke durch einen Tunnel. Das sind 140 m – ohne Licht. Legen Sie danach eine Rast bei Kilometer 33 ein. Hier informiert das Besucherzentrum **Centro de Interpretación del Tren de Aceite** über die Region. Aber auch einige Kilometer weiter, im Bahnhof von Lucena, können Sie sich schlau machen und Kunsthandwerkliches erwerben. Die nächsten Kilometer führen zunächst durch die weniger attraktive Vorstadt von Lucena. Aber keine Sorge: Schon bald wird es wieder grün. Sie passieren einige Brücken und lassen die flach dahinschwingende Landschaft endloser Olivenbaumreihen langsam an sich vorbeiziehen. Nach Navas del Selpillar, etwa 10 km vor Puente Genil, endet plötzlich die ausgebaute Trasse.

Hin und zurück sind das ab dem Startpunkt **Estación de Luque** 96 km. Als kürzere Tour ist zu empfehlen, bereits am ehemaligen Bahnhof von Cabra zu wenden. Das sind dann nur noch 45 km hin und zurück und Sie sparen sich das Umland von Lucena.

SPORT & AKTIVITÄTEN

Die vielfältige Natur Andalusiens bietet eine Menge Möglichkeiten, den Urlaub sportlich und aktiv zu gestalten: Golfen zu jeder Jahreszeit, Skifahren in der Sierra Nevada, Wassersport an den Küsten des Atlantiks und des Mittelmeers, Wandern und Radfahren in grünen Naturparks.

International bekannt ist der Süden für seine Golfplätze und die Surfregion Tarifa. Ideal zum Wandern ist die waldreiche Sierra de Aracena. Selbst bei Spaniern sind die Bergzüge der Sierra Morena nördlich von Córdoba praktisch unbekannt. Die Sierra de Cazorla, Segura y las Villas im Nordosten ist der größte geschützte Naturraum. Reiten, Klettern und Canyoning werden immer beliebter. Aktivurlauber können hier wandern und biken, wilde Bergwelten erleben und womöglich die Bekanntschaft mit Geiern, Adlern oder sogar frei lebenden Wölfen machen. Auch der wüstenhafte Landstrich am Cabo de Gata fasziniert Naturliebhaber. In den jeweiligen Touristenbüros erhalten Sie Informationen über die Möglichkeiten vor Ort.

GOLF

In keiner Region Europas finden sich so viele Golfplätze auf so engem Raum wie an der Costa del Sol. Auf der Schnellstraße entlang der Küste erinnern alle paar Kilometer große Schilder daran: „Costa del Sol – Costa del Golf". Doch auch an anderen Küstenabschnitten und im Landesinneren buhlen immer mehr Gemein-

Biker, Wanderer, Surfer und Golfer – sie alle kommen hier zu jeder Jahreszeit voll auf ihre Kosten

den um die Golftouristen. Insgesamt 137 Golfclubs gibt es in Andalusien, darunter ist auch der berühmteste aller spanischen Golfplätze, der Club Valderrama in Sotogrande. Informationen über Plätze und Zulassungsbedingungen: *Federación Andaluza de Golf (Tel. 9 52 22 55 90 | www.fga.org | www.golfinspain.com)*.

DEHESA MONTENMEDIO

Der gepflegte 18-Loch-Platz des Golf & Country Club bei Vejer de la Frontera gilt als einer der schönsten Europas. Die Aussichten, die sich den Spielern während der Runde bieten, sind spektakulär. *Greenfee ab 72 Euro | Ctra. N340, km 42,5 | Tel. 9 56 45 50 04 | www.montenmediogolf.com*

VALDERRAMA

Seit hier 1997 der Ryder-Cup ausgetragen wurde, kennt der Ruhm des Platzes keine Grenzen mehr. Alle Handicap-Klassen kommen hier auf ihre Kosten. *Zugang für Gäste tgl. 12–14 Uhr, Anmeldung Monate im Voraus | Greenfee 300 Euro |*

Avda. de Los Cortijos 1 | Sotogrande (bei San Roque) | Tel. 9 56 79 12 00 | www.valderrama.com

KLETTERN

Klettern ist in Andalusien sehr angesagt. Die Garganta del Chorro bei Antequera lockt auch internationale Kletterfreaks. Bei Tarifa in der Sierra de San Bartolomé gibt es ein interessantes Revier, ebenso bei Grazalema. Eine spanische Suchmaschine für Kletterschulen findet sich unter *www.escuelasdeescalada.com*.

RAD FAHREN

Rad fahren in Andalusien wird immer beliebter. Interessant sind die *Vías Verdes*, ehemalige Bahnstrecken, die zu Rad- und Wanderwegen ausgebaut wurden *(siehe S. 109)*. Es geht über alte Brücken und durch Tunnel (zzt. 20 Routen, Infos wie Mietstationen und Routenverlauf unter: *www.viasverdes.com*). Touren organisiert u. a. *Almería Bike Tours (Tel. 9 50 31 73 00 | www.almeria-biketours.de)*. Die Bikestation betreibt eine Finca mit Mietapartments und Zimmern am Rand der Tabernas-Wüste. *Camaleón Sports (beim Hotel Costa Conil | Avda. de la Marina | Conil de la Frontera | Tel. 6 39 43 14 64 | www.camaleonsports.de)*. Radreisen: *Baetica (Tel./Dtschl.: 06131 4 12 65 | www.baetica-reisen.de)*.

REITEN

Unzählige Reiterhöfe *(picaderos)* bieten Ausritte an. An der Küste entlang, über Kampfstierweiden und versteckte Wege der Naturparks – nur für ein paar Stunden oder gleich mehrere Tage lang. Angebote für Reiterferien finden Sie u. a. bei *Pferd und Reiter (www.pferdreiter.de)* oder *www.reiten.de*.

AVENTURA ECUESTRE

Die Schweizer Tierärztin Christina Ward bietet Ausritte über den Strand von Tarifa oder durch den Naturpark Alcornocales, auch Dünenritte und Tagesausflüge. *Hotel Dos Mares | Hotel Dos Mares | Tarifa | Tel. 9 56 23 66 32 | www.aventuraecuestre.com*

RANCHO LA PAZ

Sternausritte vom Reiterhof La Paz oder mehrtägige Touren durch die Serranía de Ronda oder am Strand der Atlantikküste. *Deutschsprachig | Torreblanca del Sol | Fuengirola | Tel. 9 52 59 02 64 | www.rancho-la-paz.com*

SKI FAHREN

Die Sierra Nevada vor den Toren Granadas ist das südlichste Skigebiet Europas mit 118 Pisten von insgesamt 104 km Länge. An Winterwochenenden von Dezember bis April ist auf der per Auto gut erreichbaren Skistation *Pradollano (2080 m)* die kalte Hölle los. *Skipass ab 41 Euro | www.sierranevada.es*

TAUCHEN

An vielen Küstenorten können Sie tief in die Fluten des Mittelmeers und des Atlantiks eintauchen. Besonders eindrucksvoll ist die Unterwasserlandschaft im INSIDER TIPP Meeresnaturpark zwischen Caboneras und Cabo de Gata. Erfahrene Taucher locken vor allem die Schiffswracks in der Meerenge von Gibraltar. Interessant ist auch das Revier bei Nerja. Anbieter z. B. *ISUB (San José | C/Babor 3 | Tel. 9 50 38 00 04 | www.isubsanjose.com)* im Naturpark Cabo de Gata oder *Buceo Costa Nerja (Nerja | Playa Burriana | Tel. 9 52 52 86 10 | www.nerjadiving.com)* sowie *Happy Diver's Club (deutschsprachig | Atalaya Park Hotel | Ctra.*

Vor allem in den Natur- und Nationalparks sind schöne Bergwanderstrecken ausgewiesen

de Cádiz, km 168,5 | Estepona | Tel. 9 52 88 36 17 | www.happy-divers-marbella.com). Weitere Infos beim Andalusischen Tauchverband *(Tel. 9 50 27 06 12 | www.fedas.es/federac/fed_andaluza.htm).*

WANDERN

Die *Centros de Interpretación* der Parks helfen mit Karten und Routenvorschlägen. Nicht immer aber sind die Wege gut genug markiert.

SIERRA DE ARACENA

Infos über Wanderungen und Waldspaziergänge erhalten Sie in Aracena im *Centro de Interpretación del Parque Natural. Mo geschl. | Plaza Alta | Tel. 9 59 12 88 25*

SIERRA DE GRAZALEMA

Besucherzentrum in El Bosque (Mo–Fr 10–14, Sa 9–14 und 17–19, So 9–14 Uhr | Avda. de la Diputación 1 | Tel. 9 56 72 70 29).
In Grazalema bietet *Horizón (C/Corrales Terceros 29 | Tel. 9 56 13 23 63 | www.horizonaventura.com)* gute Wanderungen an.

SIERRA NEVADA

Über Wanderrouten durch den Nationalpark informiert das *Centro de Interpretación del Parque Nacional El Dornajo (tgl. 9.30–14.30, 16.30–19.30 Uhr | Ctra. de la Sierra Nevada, km 23 | Tel. 9 58 34 06 25).*

WIND- UND KITESURFEN

Tarifa ist einer der attraktivsten Surferspots in Europa. Die Meerenge von Gibraltar wirkt wie ein Windkanal: Ideal für anspruchsvolle Wind- und Kitesurfer. Surfschulen haben sich nordwestlich von Tarifa *(www.tarifa.de)* entlang der N 340 und am Strand Richtung Punta Paloma niedergelassen, z. B. *Spin Out (Ctra. Cádiz, km 75,5 | Tel. 9 56 23 63 52); Dos Mares (Ctra. Cádiz, km 79,5 | Tel. 9 56 68 40 35).* Wer leichte Brisen vorzieht, fährt an die Mittelmeerküste. *Roquetas de Mar (www.surfroquetas.com)*(Costa de Almería) hat das breiteste Angebot für Windsurfer. Wellenreiter treffen sich in El Palmar. Gute Bedingungen für den Trendsport Stand-up Paddle finden Sie in Tarifa, Marbella, Roquetas und El Palmar.

MIT KINDERN UNTERWEGS

Andalusier mögen Kinder, vor allem fremde. Besonders die kleinen, die darf man auch mal kräftig herzen, ganz ohne dass die Eltern sich aufregen.

Als Reisende mit Kindern werden Sie in Andalusien auf keine großen Probleme stoßen. Kinder gehören zum spanischen Alltagsleben einfach dazu – im Sommer häufig bis weit nach Mitternacht. Zu erleben gibt es auf jeden Fall genug.

Die Kleinen werden mit denselben großen Augen die Wunder der Maurenzeit bestaunen, wie Sie es tun. Und schließlich ist in den stark entwickelten touristischen Gebieten in den vergangenen Jahren ein kaum überschaubares kommerzielles Freizeitangebot eigens für Familien mit Kindern jeden Alters entstanden.

DER WESTEN

AQUOPOLIS SEVILLA (137 E4) (*🕮 D4*)

Großes Spaßbad mit vielen spannenden Attraktionen. Die Buslinie 55 hält vor dem Haupteingang im Osten der Stadt. *Anfang Juni–Anfang Sept. tgl. 12–19, Juli/Aug. bis 20 Uhr | Eintritt 22, Kinder bis 1,40 m Größe 16 Euro | www.sevilla.aquopolis.es*

COTO DE DOÑANA

(137 D5–6) (*🕮 C5–6*)

Frei lebende Pferde, Wildschweine oder Rotwild, Wasservögel und spannende Landschaften sehen Sie bei der Allradtour durch den Nationalpark. *Mai–Mitte Sept. Mo–Sa 8.30 u. 17, Mitte Sept.–April Di–So 8.30 u. 15 Uhr | Eintritt 29,50 Euro |*

Die Andalusier sind kinderfreundlich – die Kleinen sind immer und überall dabei, oft auch bis spätabends

Centro de Recepción „El Acebuche" (Tel. 9 59 43 04 32 | www.donanavisitas.es). Ebenfalls spannend ist die Bootstour in die Doñana ab Sanlúcar de Barrameda: *Centro de Visitantes Fábrica de Hielo (tgl. 10, April/Mai/Okt. auch 16, Juni–Sept. auch 17 Uhr | Eintritt 17,25 Euro | Avda. Bajo de Guia s/n | Tel. 9 56 36 38 13 | www.visitasdonana.com)*

ISLA MÁGICA (137 E4) (*🕮 D4*)

Freizeitpark auf dem früheren Expo-Gelände in Sevilla, der die Zeit der Eroberungen aufleben lässt. *Häufig variierende Öffnungszeiten: 11 oder 12–19, 21, 23 oder 24 Uhr | Eintritt 29, Kinder (5–12 Jahre) 21 Euro | www.islamagica.es*

MUELLE DE LAS CARABELAS (136 B4) (*🕮 B5*)

In La Rábida an der Mündung des Río Tinto liegen die originalgetreuen Nachbauten der drei Schiffe, mit denen sich Kolumbus und seine Leute 1492 aufs Meer hinaustrauten. *Juni–Sept. Di–Fr 10–14 und 17–21, Sa, So 11–20, Okt.–Mai Di–So*

Für jedes Alter gut sind die herrlichen Strände Andalusiens

10–19 Uhr | Eintritt 3,55 Euro, Familie mit Kindern 7,45 Euro

INSIDER TIPP PARQUE MINERO DE RÍO TINTO (136 C3) (*🕮 C3*)
Am Río Tinto in der Provinz Huelva werden seit Jahrtausenden im Tagebau Metallerze abgebaut. Ein Museum in Minas de Riotinto *(tgl. 10.30–15 und 16–19, Aug. bis 20 Uhr | Eintritt Museum mit Fahrt im Dieselzug 20, Kinder 18 Euro | Plaza Ernest Lluch)* erinnert an die Bergwerksgeschichte des Ortes, u. a. mit der Reproduktion einer römischen Mine. Von dort kann auch die spektakuläre *Corta Atalaya*, die größte offene Mine Europas, besichtigt werden. Ebenfalls im Programm: eine Fahrt mit der ältesten noch funktionstüchtigen Dampflok Spaniens *(Nov.–April jeden ersten So)*. *Tel. reservieren unter 9 59 59 00 25 | www.parquemineroderiotinto.com*

RESERVA NATURAL EL CASTILLO DE LAS GUARDAS (137 D3) (*🕮 C3*)
Safaripark, 58 km nordwestl. von Sevilla. Ein 10 km-Rundweg führt durch ein Gehege mit 1000 Tieren, u. a. Giraffen, Nashörner, Elefanten. Rundfahrt im eigenen Wagen oder mit einer kleinen Bahn. *Tgl. 10.30–17.30 (Sommer 18.30) Uhr | Eintritt 22,50, Kinder (bis 12 Jahre) 16,50 Euro | Castillo de las Guardas | www.lareservadelcastillodelasguardas.com*

DER OSTEN

AQUARIO ALMUÑÉCAR ●
(145 E5) (*🕮 K6*)
Meeresaquarium mit rund 200 Arten. Großes Ozeanium mit Panoramatunnel. *Je nach Saison tgl. 10.30–22 bzw. 10–18.30 Uhr | Eintritt 12, Kinder (bis 12 Jahre) 9 Euro | Plaza Kuwait | www.acuarioalmunecar.es*

AQUA TROPIC (145 E5) (🗺 K6)
Spaßbad am Strand von Almuñécar. *Mitte Juni–Sept. tgl. 11–19 Uhr | Eintritt 17, Junior (12–15 Jahre) 16, Kinder (4–11 Jahre) 13 Euro, So 1 Euro teurer | Paseo Marítimo, Playa de Velilla | www.aqua-tropic.com*

PARQUE DE LAS CIENCIAS ●
(145 E3) (🗺 K5)
Der Wissenschaftspark ist Andalusiens meistbesuchtes Museum. Er deckt u. a. die Themenbereiche Universum, Wahrnehmung und Erforschen ab. Jeder darf experimentieren. Für 3- bis 7-Jährige eigener Saal. *Di–Sa 10–19, So 10–15 Uhr | Eintritt 6,50, Kinder 5,50 Euro, Planetarium 2,50, Kinder 2 Euro | Avda. del Mediterráneo s/n | Granada | www.parqueciencias.com*

PARQUE ORNITOLÓGICO LORO SEXI
(145 E5) (🗺 K6)
Schön angelegter Vogelpark in Almuñécar mit 200 tropischen Arten. *Tgl. Juni–Mitte Sept. 10.30–14 und 17–21, Apr.–Mai 10.30–14 und 15–18.30, Mitte Sept.–März 10.30–14 und 15–18 Uhr | Eintritt 5, Kinder 3 Euro | www.lorosexi.com*

SIERRA NEVADA (145 E–F4) (🗺 K5)
Sommerrodelbahn 4,50 Euro/Fahrt. Im Winter: Schlittschuhlaufen 7 Euro/Std., Miniski, Fahrradski 17 Euro/Std. Im gleichnamigen Skiort. www.sierranevada.es

DER SÜDEN

AQUALAND (142 B4) (🗺 D7)
Juni–Sept. tgl. 11–18, Juli, Aug. bis 19 Uhr | El Puerto de Santa María, Ctra. NIV, km 646 | Eintritt 21, Kinder (bis 12 J.) 16 Euro | www.aqualand.es

CROCODILES PARK (144 B6) (🗺 G7)
400 Krokodile, vom frisch geschlüpften bis zum 4-Meter-Exemplar ist alles dabei. *Tgl. 10 Uhr bis zum frühen Abend | Eintritt 12, Kinder (bis 12 Jahre) 13 Euro | Torremolinos | C/Cuba 14 | www.cocodrilospark.com*

PARQUE ACUÁTICO MIJAS
(144 B6) (🗺 G7)
Bestes Spaßbad, bei Fuengirola. *Mai tgl. 10.30–17.30, Juni und Sept. tgl. 10–18, Juli/Aug. tgl. 10–19 Uhr | Eintritt 20, Kinder (4–12 Jahre) 15 Euro | Ctra. N 340, km 209 | www.aquamijas.com*

SEA LIFE BENALMÁDENA
(144 B6) (🗺 H7)
Schöner Unterwasserzoo, vor allem für kleine Kinder geeignet, die viel Spaß an den Seepferdchen haben. *Tgl. 10–20 Uhr | Eintritt 16,25, Kinder (4–12 Jahre) 14 Euro | Puerto Deportivo Benalmádena | www.sealife.es*

SELWO AVENTURA (143 E4) (🗺 F7)
Abenteuerpark, bunte Mischung aus Zoo und Jahrmarkt. Kinder lieben ihn. *Feb.–April und Sept.–Nov. tgl. 10–18, Mai/Juni 10–19, Juli/Aug. 10–20 Uhr | Eintritt 24,50, Kinder (3–7 Jahre) 17 Euro | Autovía Costa del Sol, km 162,5 | www.selwo.es*

SELWO MARINA (144 B6) (🗺 H7)
Wasserpark an der Costa del Sol. Größte Attraktion: die Show mit den Delfinen. *Feb.–Nov. tgl. 10–18 (Juni u. Sept. bis 21, Juli/Aug. bis 24) Uhr | Eintritt 19, Kinder (3–9 Jahre) 15 Euro | Parque de la Paloma Benalmádena | www.selwomarina.es*

WHALE WATCHING (142 C6) (🗺 E8)
Nicht nur für Schiffe, auch für Delfine und Wale ist die Meerenge von Gibraltar eine wichtige Verkehrsroute. Von Tarifa starten Beobachtungstouren von Whale Watch *(www.whalewatchtarifa.net)* und firmm *(www.firmm.org)*. *Preis ca. 30, Kinder ca. 20 Euro*

EVENTS, FESTE & MEHR

Die berühmtesten Feste Andalusiens sind religiöse Feste. Wer die Semana Santa oder den frühen Pfingstmontagmorgen in El Rocío erlebt hat, der wird von der tiefen Frömmigkeit der Andalusier überzeugt sein. Doch wer vermag es schon, spontane Ergriffenheit von echter Religiosität zu unterscheiden? Mehr als die Jungfrau Maria oder den Sohn Gottes feiern die Andalusier das Leben selbst. Jedes Fest ist eine schöne Gelegenheit, die feinen Sachen aus dem Schrank zu holen, die Frisur zu ordnen (oder mit Gel in Form zu legen) und die Schuhe blank zu wienern.

FEIERTAGE

1. Jan. *Año Nuevo* (Neujahr); **6. Jan.** *Reyes* (Hl. Drei Könige); **28. Feb.** *Día de Andalucía* (Andalusientag); **Jueves Santo** (Gründonnerstag); **Viernes Santo** (Karfreitag); **1. Mai** *Día del Trabajo* (Tag der Arbeit); **15. Aug.** *Asunción* (Mariä Himmelfahrt); **12. Okt.** *Día de la Hispanidad* (Kolumbus' Landung in Amerika); **1. Nov.** *Todos los Santos* (Allerheiligen); **6. Dez.** *Día de la Constitución* (Tag der Verfassung); **8. Dez.** *Inmaculada Concepción* (Mariä Empfängnis); **25. Dez.** *Navidad* (Weihnachten)

FESTE

FEBRUAR

Der ▶ ***Karneval von Cádiz*** ist der berühmteste auf dem spanischen Festland und dauert bis zum Sonntag nach Aschermittwoch. *www.carnavaldecadiz.com*

ENDE FEBRUAR/ANFANG MÄRZ

▶ ★ ***Festival de Jerez***: Zweiwöchiges Flamencofestival mit den bedeutendsten Künstlern. *www.festivaldejerez.es*

MÄRZ/APRIL

Die ▶ ★ ***Semana Santa*** (Karwoche) wird in Andalusien mit großartigen Prozessionen gefeiert. Die berühmteste und prächtigste von allen ist die von Sevilla. Aber auch die Karwochen in Granada, Córdoba, Málaga, ● Úbeda oder Jaén lohnen in jedem Fall den Besuch. Höhepunkt der Woche ist immer die Nacht auf den Karfreitag.

▶ ★ ***Feria de Abril:*** Der einwöchige Sevillaner „Aprilmarkt" acht Tage nach Ostern ist das größte Volksfest Andalusiens. Die Straßen füllen sich mit Kutschen, eleganten Reitern und Frauen in Kostümen.

▶ ***Festival de Cine Español de Málaga:*** Das große Festival des spanischen Films. *www.festivaldemalaga.com*

Das Leben ist schön – ob religiöse oder weltliche Feste, die Andalusier feiern vor allem sich selbst

MAI

▶ ***Der Große Preis von Spanien:*** Das Motorradrennen in Jerez ist Treffpunkt für Biker – Riesenparty mit Rahmenprogramm. *www.circuitodejerez.com*

▶ ***Cruces de Mayo:*** In vielen Städten werden am ersten Maiwochenende bunt geschmückte Kreuze aufgestellt.

▶ ***Feria del Caballo:*** Der Pferdemarkt von Jerez ist das größte Volksfest der Stadt.

▶ INSIDER TIPP ***Festival de los Patios Cordobeses:*** Wettbewerb um den schönsten Patio Córdobas

PFINGSTEN

▶ ★ ***Wallfahrt nach El Rocío:*** Hunderttausende pilgern u. a. mit Pferden nach El Rocío zur Jungfrau vom Morgentau.

ENDE JUNI/ANFANG JULI

▶ ***Fiesta de San Juan – 24. Juni:*** Johannisnacht mit ausgelassenen Festen und großem Feuerwerk

▶ ***Festival Internacional de Música y Danza de Granada:*** Das bedeutendste Festival für klassische bis zeitgenössische Musik und Ballett in historischen Winkeln Granadas. *www.granadafestival.org*

▶ ***Festival de la Cueva:*** Ballett, Oper, Konzerte Ende Juli in der Tropfsteinhöhle von Nerja. *www.cuevadenerja.es*

AUGUST

▶ INSIDER TIPP ***Carreras de Caballo de Sanlúcar de Barrameda:*** Pferderennen auf dem sandigen Uferstreifen des Guadalquivir. *www.carrerassanlucar.es*

ANFANG SEPTEMBER

▶ ***Feria de Pedro Romero:*** Stierkampffest in Ronda u. a. mit einer Corrida Goyesca – Stierkampf wie zu Goyas Zeiten. *www.turismoderonda.es*

NOVEMBER

▶ ***Festival de Jazz de Granada:*** Eines der bedeutenden europäischen Jazzfestivals, in Granada. *www.jazzgranada.es*

LINKS, BLOGS, APPS & MORE

LINKS

▶ www.wandern-in-andalusien.de Jürgen Paeger ist Autor eines Wanderguides, der bei DuMont erschienen ist. Hier stellt er seine liebsten Wandergebiete und seine besten Touren vor

▶ www.marcopolo.de/andalusien Alles auf einen Blick zu Ihrem Reiseziel: Interaktive Karten inklusive Planungsfunktion, Impressionen aus der Community, aktuelle News und Angebote ...

▶ www.anda.de Auf der Website des wichtigsten deutschen Flamencomagazins finden Sie aktuelle Infos über Festivals und Veranstaltungen in Andalusien und im Rest der Welt

BLOGS & FOREN

▶ www.spanienforum.de Im Internetforum geht es ums Auswandern und Umziehen nach Spanien, um Reise- und Restauranttipps und wie man so lebt an der Costa del Sol

▶ www.globalzoo.de Reiseberichte, Fotos und Blogs aus aller Welt tragen die Mitglieder unter den Stichworten „Blogs" und „Spanien" zusammen

▶ short.travel/and1 Paul Ingendaay, der Kulturkorrespondent der FAZ, schreibt wortgewandt über aktuelle Ereignisse der spanischen Politik und Gesellschaft. Sehr lesenswert

VIDEOS & PODCASTS

▶ short.travel/and4 Die sechsteilige Serie über das Leben und Sterben des Dichters Federico García Lorca lief 2012 im spanischen Staatsfernsehen RTVE. Teilweise wurde sogar an den Originalschauplätzen gedreht. Auf Spanisch

▶ short.travel/and2 In „Granada, Zauber aus 1001 Nacht" wird die Geschichte des Flamencos und seine Gegenwart in Granada porträtiert

▶ short.travel/and3 Die Aufnahmen zeigen die Magie der Wallfahrt nach El Rocío, die Magie der Menschenmassen und die der Jungfrau Maria

Egal, ob Sie sich auf Ihre Reise vorbereiten oder vor Ort sind: Mit diesen Adressen finden Sie noch mehr Informationen, Videos und Netzwerke, die Ihren Urlaub bereichern. Da manche Adressen extrem lang sind, führt Sie der kürzere short.travel-Code direkt auf die beschriebenen Websites

APPS

▶ Reisemagazin Postcards Auch im iPhone-Zeitalter muss man nicht auf Postkarten verzichten. Mit der App wird aus einem Schnappschuss plus Text eine echte Postkarte gedruckt, frankiert und abgeschickt

▶ Beaches of Costa del Sol Die App listet die Strände der Costa del Sol auf. Dazu gibt es Fotos, Infos zur Ausstattung Beschaffenheit, Belegung u. a.

▶ Diarios de España Wer Spanisch spricht und sich für das Geschehen im Land interessiert, bekommt über diese App eine Zusammenfassung der neuesten Nachrichten der größten Landeszeitungen, wie El País, ABC, Diario de Sevilla u. a.

▶ HRS Hotelportal Über das bekannte Hotelportal kann man schnell Verfügbarkeit und aktuelle Preise checken. Mit dem eingebauten GPS finden Sie Hotels in Ihrer Nähe. Download gratis für Apple und Android

▶ Multimedia-Reiseführer für Granada Navigaia bietet eine Gratisversion seines Granada Reiseführers für Smartphones an

NETWORK

▶ twitter.com/sevillaciudad Was in der Hauptstadt Andalusiens so läuft, steht hier kurz und knapp auf Englisch und Spanisch

▶ www.facebook.com/costadelsolspain Rund 8000 Fans hat die Gruppe Costa del Sol. Um was es geht? Um Sonne, Infos, Urlaubsbilder und alles, was an der Sonnenküste sonst noch interessieren könnte

▶ www.facebook.com/andalusien In dem noch kleinen Forum tauschen sich Andalusienliebhaber über ihre Reiseerlebnisse aus. Die Facebook-Seite ist ein Ableger des privaten Blogs *www.rundreiseandalusien.com*

▶ twitter.com/viveandalucia Jede Menge Sportevents, Konzerte und News aus Kultur. Viele Nachrichten kommen in Echtzeit auf Spanisch über den Andalusien-Ticker

PRAKTISCHE HINWEISE

ANREISE

Der wichtigste Flughafen in Andalusien ist in Málaga (AGP – das Kürzel steht für den Flughafen –, 10 km vom Stadtzentrum). Hier landen Reisende, die Ziele an der Costa del Sol oder Costa Tropical gebucht haben. Individualreisende finden hier die beste Infrastruktur. Neben zahlreichen Mietwagenanbietern gibt es Bus und Zugverbindungen vom Flughafen. Airlines: Air Berlin, Condor, Easyjet (Deutschland und Schweiz), Iberia, Lufthansa, Ryanair, Spanair, Swiss. Für Ostandalusien liegt Almería (LEI, 10 km vom Stadtzentrum) günstig. Airlines: Air Berlin, Easyjet, Iberia, Ryanair. Der Flughafen von Granada (GRX, 23 km vom Stadtzentrum) wird von Iberia, Ryanair und Spanair aus dem mitteleuropäischen Raum angeflogen. Jerez de la Frontera (XRY, 12 km vom Stadtzentrum) ist der ideale Zielflughafen für Urlauber der westlichen Costa del Sol und östlichen Costa de la Luz. Airlines: Air Berlin, Condor, Edelweiss Air, Flyniki, Iberia, Lufthansa, Ryanair, Tuifly. Sevilla (SVQ, 12 km vom Stadtzentrum) wird von Air Berlin, Iberia und Ryanair bedient. Alternativen sind Madrid (ca. 300 km bis Nordandalusien) und das portugiesische Faro (ca. 70 km bis Westandalusien). Portal der spanischen Flughäfen *www.aena.es*. Von Mitteleuropa nach Andalusien beträgt die Flugdauer etwa drei Stunden. Flüge sind ab etwa 150 Euro zu bekommen. Während der Ferienzeiten liegen die Preise meist deutlich höher. Weitere Informationen im Internet auf den Seiten der einzelnen Fluggesellschaften. Eine Alternative: Mit der chilenischen Fluggesellschaft LAN *(www.lan.com)* fliegen Sie täglich recht günstig von Frankfurt nach Madrid. Dort nehmen Sie den AVE (Schnellzug), der Sie in 2½ Std. nach Sevilla oder Córdoba bringt. Hin- und Rückfahrt kosten ca. 160 Euro.

Andalusien ist weit: Von Freiburg nach Málaga sind es mit dem Auto gut 2000 km, von Aachen nach Málaga knapp 2300 km. Entweder fahren Sie nördlich über Paris, Bordeaux, das Baskenland und Madrid, oder Sie nehmen die Südroute über Lyon, Montpellier und Barcelona. Die Autobahngebühren summieren sich in beiden Fällen je Strecke auf ca. 100 Euro. Bequemer haben Sie es mit dem Autoreisezug bis nach Narbonne vor der spanisch-französischen Grenze. Früh reservieren! *www.db-autozug.de*

GRÜN & FAIR REISEN

Auf Reisen können auch Sie mit einfachen Mitteln viel bewirken. Behalten Sie nicht nur die CO_2-Bilanz für Hin- und Rückflug im Hinterkopf *(www.atmosfair.de)*, sondern achten und schützen Sie auch nachhaltig Natur und Kultur im Reiseland *(www.gate-tourismus.de; www.zukunft-reisen.de; www.ecotrans.de)*. Gerade als Tourist ist es wichtig, auf Aspekte zu achten wie Naturschutz *(www.nabu.de; www.wwf.de)*, regionale Produkte, Fahrradfahren (statt Autofahren), Wassersparen und vieles mehr. Wenn Sie mehr über ökologischen Tourismus erfahren wollen: europaweit *www.oete.de*; weltweit *www.germanwatch.org*

Von Anreise bis Zoll

Urlaub von Anfang bis Ende: die wichtigsten Adressen und Informationen für Ihre Andalusien-Reise

Per Bahn sind Sie etwas länger als einen Tag unterwegs und zahlen hin und zurück im Normaltarif ca. 600 Euro. Mit dem Bus brauchen Sie von Frankfurt nach Málaga anderthalb Tage (Hin- und Rückfahrt 280 Euro). Informationen bei *Deutsche Touring (Frankfurt | Tel. 069 7 90 35 01 | www.touring.de)*.

AUSKUNFT

Spanische Fremdenverkehrsämter:
10707 Berlin | Lietzenburger Str. 99 | 5. OG | Tel. 030 8 82 65 43
40237 Düsseldorf | Grafenberger Allee 100 | Tel. 0211 6 80 39 80
60323 Frankfurt | Myliusstr. 14 | Tel. 069 72 50 33
80051 München | Tel. 089 53 07 46 11
1010 Wien | Walfischgasse 8–14 | 0043 15 12 95 80-11
8008 Zürich | Seefeldstr. 19 | Tel. 0041 44 25 34 60 50

AUTO

Das andalusische Straßennetz ist großzügig ausgebaut. Die Provinzhauptstädte sind alle durch Autobahnen miteinander verbunden; bestehende Lücken werden Stück für Stück geschlossen. Nur wenige Autobahnen in Andalusien sind gebührenpflichtig. Zu erkennen sind sie am Kürzel AP *(autopista de peaje)*. Auch die Nationalstraßen (mit N bzw. A numeriert) sind fast immer in gutem Zustand. Das A vor den Nummern der meisten Fernstraßen steht für Andalusien, nicht für Autobahn. Die erlaubte Höchstgeschwindigkeit liegt innerorts bei 50, auf Landstraßen bei 90, auf Autobahnen bei 120 km/h. Die Grenze für Blutalkohol liegt bei 0,5 Promille. Es herrscht Gurtpflicht, telefonieren während der Fahrt ist nur über eine Freisprechanlage erlaubt, beim Tanken müssen Motor, Licht und elektrische Geräte ausgeschaltet werden. Jeder Autofahrer muss für den Fall einer Panne eine Warnweste im Auto dabeihaben. Für Kinder unter drei Jahren muss unbedingt und immer ein geeigneter Kindersitz vorhanden sein. Bürger aus EU-Ländern und der Schweiz müssen ihren Führerschein mitführen sowie den Versicherungsschein und einen Zahlungsbeleg, der die Gültigkeit bestätigt, oder eine grüne Versicherungskarte. Pannenhilfe leistet der Automobilclub RACE, *Tel. 9 02 30 05 05*. ADAC-Notruf in Spanien: *Tel. 9 35 08 28 28*

WAS KOSTET WIE VIEL?

Taxi	1,20 Euro *pro Kilometer*
Kaffee	1,50 Euro *für einen café solo*
Gazpacho	6 Euro *für einen Teller Gazpacho*
Wein	3 Euro *für ein Glas Wein*
Benzin	1,50 Euro *für einen Liter Super*
Liegestuhl	9 Euro *Miete pro Tag*

CAMPING

Auskunft über die mehr als 100 andalusischen Campingplätze erhalten Sie direkt

Straßencafé in Granada

bei der *Federación Andaluza de Campings (www.andaluciacampings.com)* oder auf der Website *www.campingsonline.com*.

DIPLOMATISCHE VERTRETUNGEN

DEUTSCHE KONSULATE

www.malaga.diplo.de

– Honorarkonsulat Aguadulce (Avda. Carlos III 401 | Tel. 9 50 34 05 55)

– Honorarkonsulat Jerez de la Frontera (Avda. de Méjico 10 | portal 1 – 2° D | Tel. 9 56 18 74 63)

– Honorarkonsulat Málaga (C/Mauricio Moro Pareto 2 | Tel. 9 52 36 35 91)

In Notfällen außerhalb der Dienstzeit (Bereitschaftsdienst): *Tel. 9 15 57 90 00*

ÖSTERREICHISCHE KONSULATE

www.aussenministerium.at/madrid

– Konsulat Málaga (Alameda de Colón 26 | Tel. 9 52 60 02 67)

– Honorarkonsulat Sevilla (C/Cardenal Ilundaín 18 | Tel. 9 54 98 74 76)

SCHWEIZER KONSULAT

– Konsulat Málaga (Aptdo. Correos 7 | nur schriftlich oder über Mobiltel. 6 45 01 03 03)

EINREISE

Zur Einreise nach Spanien genügt ein gültiger Personalausweis bzw. Kinderausweis. Alleinreisende Minderjährige benötigen zusätzlich eine elterliche Erlaubnis. Ausweiskontrollen müssen Sie an der Grenze zu Gibraltar erdulden.

GELD & PREISE

Andalusien ist immer noch ein wenig preiswerter als Deutschland. Geld können Sie überall mit der EC-/Maestro-Karte ziehen. Kreditkarten werden in Hotels, Geschäften und gehobenen Restaurants akzeptiert, im Taxi und in Hostels/Pensionen nicht immer. Für bargeldloses Bezahlen mit der EC-/Maestro-Karte besser erst nachfragen. Visa, Master, Diner und American Express sind am flexibelsten *(Tel. Notfallnummer Kartensperre: 0049 116116)*. Banken und Sparkassen sind üblicherweise *Mo–Fr 8–14.30 Uhr* geöffnet.

GESUNDHEIT

Falls Sie dringend einen Arzt brauchen, erkundigen Sie sich nach dem nächsten Krankenhaus mit einer Notaufnahme *(urgencia)*. Rechnen Sie dort mit einiger Wartezeit. Das spanische Gesundheitssystem ist medizinisch auf der Höhe der Zeit, aber tendenziell überlastet.

Mit der Europäischen Krankenversicherungskarte (EHIC) benötigt man kein Formular E111 mehr. Bei Vorlage der Karte werden Sie in den staatlichen Krankenhäusern und von den Ärzten des „Servicio Andaluz de Salud" (SAS) kostenlos behandelt. Wenn Sie sich in einer privaten Praxis oder einer Privatklinik behandeln lassen, zahlen Sie an Ort und Stelle und reichen die Rechnungen dann zu Hause ein. Der Abschluss einer Reisekrankenversicherung kann sinnvoll sein.

Oliven in Jaén

HAUSTIERE

Je nach Tierart ist für das Haustier eine Veterinärbescheinigung oder der Haustierpass mitzuführen. Die Eigentümer müssen mit einer schriftlichen Erklärung, die auch in spanischer Sprache verfasst sein muss, nachweisen, dass ihnen die mitgeführten Tiere seit mindestens drei Monaten oder bei geringerem Lebensalter seit den ersten Lebenstagen gehören. Hunde und Katzen müssen gegen Tollwut geimpft und durch eine Tätowierung oder einen Mikrochip gekennzeichnet sein. Beim Flug dürfen kleinere Tiere mit einem Gewicht von bis zu etwa 6 kg in einer entsprechenden Box mit im Passierraum fliegen. Größere Tiere müssen den Flug im Frachtraum erdulden. Vorsicht: Nicht alle Unterkünfte akzeptieren Haustiere.

JUGENDHERBERGEN

Informationen über die 21 andalusischen Jugendherbergen erhalten Sie unter *Tel. 9 02 51 00 00* und *www.inturjoven.com*.

KLIMA & REISEZEIT

Frühling und Herbst sind die angenehmsten Jahreszeiten für eine Andalusien-Reise. Im Hochsommer (Juli/Aug.) müssen Sie am Tag mit drückender Hitze rechnen, dafür sind die Nächte lau. Die spanischen Schulferien dauern von Juli bis September, außerdem ist von Weihnachten bis zum 6. Januar und während der Semana Santa schulfrei. Kurzentschlossene haben es zu diesen Zeiten äußerst schwer, ein Bett zu bekommen. Im Winter wird es kühl und zuweilen feucht, aber nicht kalt. Die großen Sehenswürdigkeiten sind zu diesen Zeiten angenehm wenig überlaufen.

MIETWAGEN

Der Tagespreis für das kleinste Modell liegt je nach Saison bei ca. 25 Euro aufwärts. Häufig zu finden sind die Anbieter *Nizacars (Tel. 9 52 23 61 79 | www.nizacars.es)* und *Prima Rent a Car (Tel. 9 52 31 09 75 | www.rentacarprima.com)*. Wer eine Rundreise plant, bucht am besten von Deutschland aus. Achten Sie auf eine hohe Deckungssumme, Freikilometer, den Ausschluss einer Selbstbeteiligung und darauf, dass Ihr Fahrzeug eine Klimaanlage hat. Preisvergleiche unter *www.mietwagen.de*, *www.billiger-mietwagen.de*,*www.check24.de* u. a.

NOTRUF

Tel. 112 – zentraler Notruf für Polizei, Feuerwehr oder andere Notfalldienste, der Diensthabende leitet Ihr Anliegen an die entsprechende Stelle weiter.

ÖFFENTLICHE VERKEHRSMITTEL

Das spanische Eisenbahnnetz ist nicht besonders engmaschig. Es gibt aber eine gute Schnellbahnverbindung (AVE), die führt von Madrid über Córdoba nach Sevilla und von Madrid nach Málaga. Auf diesen Strecken ist es sehr zu empfehlen, den Zug zu nehmen. Nutzen Sie das Verkehrsmittel, genießen Sie die Landschaft und sparen Sie sich nebenbei den Parkplatzstress. Wollen Sie sich sonst in Andalusien per Bahn fortbewegen, wappnen Sie sich mit Geduld. Die staatliche Eisenbahngesellschaft heißt RENFE. Auskunft und Reservierung: *Tel. 9 02 32 03 20 | www.renfe.es* oder *Ibero Tours (Tel. 0211 8 64 15 20 | www.ibero.com)*. Die häufig verkehrenden Überlandbusse sind eine gute Alternative. Fragen Sie bei der Touristeninformation nach dem Busbahnhof *(estación de autobuses)* im Ort. Bus und Bahn sind vergleichsweise preiswert.

ÖFFNUNGSZEITEN

Die Öffnungszeiten in diesem Band sind gewissenhaft recherchiert. Doch kaum

WETTER IN MALAGA

	Jan.	Feb.	März	April	Mai	Juni	Juli	Aug.	Sept.	Okt.	Nov.	Dez.
Tagestemperaturen in °C	16	17	18	21	23	27	29	29	27	23	19	17
Nachttemperaturen in °C	8	9	11	13	16	19	21	22	20	16	12	9
Sonnenschein Stunden/Tag	6	6	6	8	10	11	11	11	9	7	6	5
Niederschlag Tage/Monat	5	5	6	3	2	1	0	0	2	4	6	5
Wassertemperaturen in °C	15	14	14	15	17	18	21	22	21	19	17	16

etwas ändert sich so schnell wie die Tage und Uhrzeiten, zu denen die Sehenswürdigkeiten geöffnet sind. Die Tourismusbüros kennen die aktuellen Zeiten. Auch die Restaurants ändern gern ihre Öffnungszeiten. Rufen Sie auf jeden Fall vorher an, wenn Sie auf Nummer sicher gehen wollen.

POST

Die Postämter *(oficinas de correos)* haben gewöhnlich *Mo–Fr 8.30–14.30* und *Sa 9.30–13 Uhr* geöffnet *(www.correos.es)*. Briefmarken bekommen Sie auch in den Tabakläden *(estancos)*. Ein Standardbrief oder eine Postkarte ins europäische Ausland kostet zzt. 75 Cent.

TABAKLÄDEN

In den staatlich konzessionierten Tabakläden, den *estancos* (braunes T auf gelbem Grund), gibt es auch Briefmarken und Telefonkarten. Zigaretten sind hier etwas günstiger als am Automaten.

TELEFON & HANDY

Vorwahlen aus Spanien: Deutschland 0049, Österreich 0043, Schweiz 0041. Danach lassen Sie die erste 0 der Ortsvorwahl weg. Auslandsauskunft 11 825, Inlandsauskunft 11 818. Bei Anrufen nach Spanien wählen Sie 0034, dann die komplette Rufnummer. Innerhalb Spaniens wählen Sie auch bei Ortsgesprächen immer die 9-stellige Nummer. Die Telefonzellen der *Telefónica* akzeptieren Münzen und Telefonkarten. Derzeit darf die Gebühr für Gespräche vom Mobiltelefon ins europäische Ausland nicht mehr als 0,35 Euro pro Minute kosten, eingehende Gespräche kosten maximal 0,10 Euro. Beim Anbieter Orange kostet die spanische Prepaid Sim-Karte derzeit 5 Euro, jedes nationale Gespräch wird mit 0,09 Euro die Minute berechnet. Kosten verursacht auch die Mailbox: am besten noch im Heimatland abschalten.

TRINKGELD

Der Kellner bringt Ihnen das Wechselgeld auf einem Teller, darauf können Sie dann ein paar Münzen liegen lassen – üblich sind bis zu 10 Prozent. Im Taxi runden Sie auf. Im Hotel erhalten Zimmermädchen und Roomboy 1–2 Euro.

ZOLL

Waren für den privaten Konsum sind innerhalb der EU zollfrei. Als persönlicher Bedarf gelten: 800 Zigaretten, 90 l Wein, 20 l Sherry, 10 l Spirituosen.

Die Spuren der Römer: Baelo Claudia bei Bolonia

SPRACHFÜHRER SPANISCH

AUSSPRACHE

c	vor „e" und „i" stimmloser Lispellaut wie englisches „th"
ch	stimmloses „tsch" wie in „tschüss"
g	vor „e, i" wie deutsches „ch" in „Bach"
gue, gui/que, qui	das „u" ist stumm, wie deutsches „ge", „gi"/„ke", „ki"
j	immer wie deutsches „ch" in „Bach"
ll, y	wie deutsches „j"
ñ	wie deutsches „nj"

AUF EINEN BLICK

ja/nein/vielleicht	sí/no/quizás
bitte/danke	por favor/gracias
Hallo!/Auf Wiedersehen!/Tschüss!	¡Hola!/¡Adiós!/¡Hasta luego!
Gute(n) Morgen!/Tag!/Abend!/Nacht!	¡Buenos días!/¡Buenos días!/¡Buenas tardes!/¡Buenas noches!
Entschuldige!/Entschuldigen Sie!	¡Perdona!/¡Perdone!
Darf ich ...?	¿Puedo ...?
Wie bitte?	¿Cómo dice?
Ich heiße ...	Me llamo ...
Wie heißen Sie?/Wie heißt Du?	¿Cómo se llama usted?/¿Cómo te llamas?
Ich komme aus ...	Soy de ...
Deutschland/Österreich/Schweiz	Alemania/Austria/Suiza
Ich möchte .../Haben Sie ...?	Querría .../¿Tiene usted ...?
Wie viel kostet ...?	¿Cuánto cuesta ...?
Das gefällt mir (nicht).	Esto (no) me gusta.
gut/schlecht	bien/mal
kaputt/funktioniert nicht	roto/no funciona
zu viel/viel/wenig/alles/nichts	demasiado/mucho/poco/todo/nada
Hilfe!/Achtung!/Vorsicht!	¡Socorro!/¡Atención!/¡Cuidado!
Krankenwagen/Polizei/Feuerwehr	ambulancia/policía/bomberos
Darf ich hier fotografieren?	¿Podría fotografiar aquí?

DATUMS- & ZEITANGABEN

Montag/Dienstag/Mittwoch	lunes/martes/miércoles
Donnerstag/Freitag/Samstag	jueves/viernes/sábado
Sonntag/Werktag/Feiertag	domingo/laborable/festivo

¿Hablas español?

„Sprichst du Spanisch?" Dieser Sprachführer hilft Ihnen, die wichtigsten Wörter und Sätze auf Spanisch zu sagen

heute/morgen/gestern	hoy/mañana/ayer
Stunde/Minute/Sekunde/Augenblick	hora/minuto/segundo/momento
Tag/Nacht/Woche/Monat/Jahr	día/noche/semana/mes/año
jetzt/sofort/früher/später	ahora/enseguida/antes/después
Wie viel Uhr ist es?	¿Qué hora es?
Es ist drei Uhr./Es ist halb vier.	Son las tres./Son las tres y media.
Viertel vor vier/Viertel nach vier	cuatro menos cuarto/ cuatro y cuarto

UNTERWEGS

offen/geschlossen/Öffnungszeiten	abierto/cerrado/horario
Eingang/Einfahrt/Ausgang/Ausfahrt	entrada/acceso/salida/salida
Abfahrt/Abflug/Ankunft	salida/salida/llegada
Toiletten/Damen/Herren	aseos/señoras/caballeros
frei/besetzt	libre/ocupado
(kein) Trinkwasser	agua (no) potable
Wo ist ...? / Wo sind ...?	¿Dónde está ...? /¿Dónde están ...?
links/rechts	izquierda/derecha
geradeaus/zurück	recto/atrás
nah/weit	cerca/lejos
Ampel/Ecke/Kreuzung	semáforo/esquina/cruce
Bus/Straßenbahn/U-Bahn/Taxi	autobús/tranvía/metro/taxi
Haltestelle/Taxistand	parada/parada de taxis
Parkplatz/Parkhaus	parking/garaje
Stadtplan/(Land-)Karte	plano de la ciudad/mapa
Bahnhof/Hafen/Flughafen	estación/puerto/aeropuerto
Fähre/Anleger	transbordador/muelle
Fahrplan/Fahrschein/Zuschlag	horario/billete/suplemento
einfach/hin und zurück	sencillo/ida y vuelta
Zug/Gleis/Bahnsteig	tren/vía/andén
Verspätung/Streik	retraso/huelga
Ich möchte ... mieten	Querría ... alquilar
ein Auto/ein Fahrrad/ein Boot	un coche/una bicicleta/un barco
Tankstelle/Benzin/Diesel	gasolinera/gasolina/diesel
Panne/Werkstatt	avería/taller

ESSEN & TRINKEN

Reservieren Sie uns bitte für heute Abend einen Tisch für vier Personen.	Resérvenos, por favor, una mesa para cuatro personas para hoy por la noche.
auf der Terrasse/am Fenster	en la terraza/junto a la ventana
Die Speisekarte, bitte!	¡El menú, por favor!

Könnten Sie mir bitte ... bringen?	¿Podría traerme ... por favor?
Flasche/Karaffe/Glas	botella/jarra/vaso
Messer/Gabel/Löffel	cuchillo/tenedor/cuchara
Salz/Pfeffer/Zucker	sal/pimienta/azúcar
Essig/Öl/Milch/Zitrone	vinagre/aceite/leche/limón
kalt/versalzen/nicht gar	frío/demasiado salado/sin hacer
mit/ohne Eis/Kohlensäure	con/sin hielo/gas
Vegetarier/Vegetarierin/Allergie	vegetariano/vegetariana/alergía
Ich möchte zahlen, bitte.	Querría pagar, por favor.
Rechnung/Quittung/Trinkgeld	cuenta/recibo/propina

EINKAUFEN

Apotheke/Drogerie	farmacia/droguería
Bäckerei/Markt	panadería/mercado
Metzgerei/Fischgeschäft	carnicería/pescadería
Einkaufszentrum/Kaufhaus	centro comercial/grandes almacenes
Geschäft/Supermarkt/Kiosk	tienda/supermercado/quiosco
100 Gramm/1 Kilo	cien gramos/un kilo
teuer/billig/Preis	caro/barato/precio
mehr/weniger	más/menos
aus biologischem Anbau	de cultivo ecológico

ÜBERNACHTEN

Ich habe ein Zimmer reserviert.	He reservado una habitación.
Haben Sie noch ...?	¿Tiene todavía ...?
Einzelzimmer/Doppelzimmer	habitación individual/habitación doble
Frühstück/Halbpension/Vollpension	desayuno/media pensión/pensión completa
nach vorne/zum Meer/zum Garten	hacia delante/hacia el mar/hacia el jardín
Dusche/Bad	ducha/baño
Balkon/Terrasse	balcón/terraza
Schlüssel/Zimmerkarte	llave/tarjeta
Gepäck/Koffer/Tasche	equipaje/maleta/bolso
Schwimmbad/Spa/Sauna	piscina/spa/sauna
Seife/Toilettenpapier/Windel	jabón/papel higiénico/pañal
Babybett/Kinderstuhl/wickeln	cuna/trona/cambiar los pañales
Anzahlung/Kaution	anticipo/caución

BANKEN & GELD

Bank/Geldautomat/Geheimzahl	banco/cajero automático/número secreto
bar/Kreditkarte	en efectivo/tarjeta de crédito
Banknote/Münze/Wechselgeld	billete/moneda/cambio

GESUNDHEIT

Arzt/Zahnarzt/Kinderarzt	médico/dentista/pediatra
Krankenhaus/Notfallpraxis	hospital/urgencias
Fieber/Schmerzen/entzündet/verletzt	fiebre/dolor/inflamado/herido
Durchfall/Übelkeit/Sonnenbrand	diarrea/náusea/quemadura de sol
Pflaster/Verband/Salbe/Creme	tirita/vendaje/pomada/crema
Schmerzmittel/Tablette/Zäpfchen	calmante/comprimido/supositorio

TELEKOMMUNIKATION & MEDIEN

Briefmarke/Brief/Postkarte	sello/carta/postal
Ich brauche eine Telefonkarte.	Necesito una tarjeta telefónica.
Ich suche eine Prepaidkarte für mein Handy.	Busco una tarjeta prepago para mi móvil.
Wo finde ich einen Internetzugang?	¿Dónde encuentro un acceso a internet?
wählen/Verbindung/besetzt	marcar/conexión/ocupado
Steckdose/Adapter/Ladegerät	enchufe/adaptador/cargador
Computer/Batterie/Akku	ordenador/batería/batería recargable
E-Mail(-Adresse)/At-Zeichen	(dirección de) correo electrónico/arroba
Internetadresse (URL)	dirección de internet
Internetanschluss/WLAN	conexión a internet/wifi
Datei/ausdrucken	archivo/imprimir

FREIZEIT, SPORT & STRAND

Strand/Sonnenschirm/Liegestuhl	playa/sombrilla/tumbona
Ebbe/Flut/Strömung	marea baja/marea alta/corriente
Seilbahn/Sessellift	funicular/telesilla

ZAHLEN

0	cero	14	catorce
1	un, uno, una	15	quince
2	dos	16	dieciséis
3	tres	17	diecisiete
4	cuatro	18	dieciocho
5	cinco	19	diecinueve
6	seis	20	veinte
7	siete	100	cien, ciento
8	ocho	200	doscientos, doscientas
9	nueve	1000	mil
10	diez	2000	dos mil
11	once	10 000	diez mil
12	doce	1/2	medio
13	trece	1/4	un cuarto

EIGENE NOTIZEN

REISEATLAS

Die grüne Linie zeichnet den Verlauf der Ausflüge & Touren nach
Die blaue Linie zeichnet den Verlauf der Perfekten Route nach

Der Gesamtverlauf aller Touren ist auch in der herausnehmbaren Faltkarte eingetragen

 Bild: Puente Romano, Córdoba

Unterwegs in Andalusien

Die Seiteneinteilung für den Reiseatlas finden Sie auf dem hinteren Umschlag dieses Reiseführers

A
B
C
1
2
3
4
5
6
PORTUGAL
Beja
Huelva
Moura
Santo Amador
Safara
Barrancos
Encinasola
Fregenal de la Sierra
Higuera la Real
Santo Aleixo da Restauração
Convento de Tomina
La Contienda
Cumbres de San Bartolomé
Cumbres de en Medio
Cumbres Mayores
Aroche
712
Parque Nat.
Sierra de Aracena y P
Pias
Barragem do Enxoe
Sobral da Adiça
Vale de Vargo
Aldeia Nova de São Bento
Rosal de la Frontera
Vila Verde de Ficalho
Ruta de Washington Irving
El Puerto
La Corte
Galaroza
Jabugo
Cortegana
Fuenteheridos
Fuente del Oro
Alájar
Almonaster la Real
Erm. de Sta. Eulalia
Sierra
Cabezo Gordo
613
Santa Bárbara de Casa
San Telmo
Valdelamusa
Vales Mortos
261
Agua Negra
Paymogo
Emb. del Cobre
Cabezas Rubias
Silos de Calañas
El Cerro de Andévalo
Mina de São Domingos
Santuario de San Benito
Calañas
Zalamea la Real
Emb. del Chanza
Malagón
Puebla de Guzmán
Thársis
Villanueva de las Cruces
Las Herrerías
Rivera de
Virgen de la Peña
Alosno
Valverde del Camino
Puerto de la Laja
El Granado
Villanueva de los Castillejos
R. Oraque
La Florida
Alcoutim
Sanlúcar de Guadiana
Emb. de Sancho
San Bartolomé de la Torre
Emb. de Piedras
R. Odiel
Beas
San Silvestre de Guzmán
Tariquejo
Cebollar
183
Gibraleón
Trigueros
Candón
Niebla
Villarrasa
Foz de Odeleite
Monte Gordo
160
Odeleite
R. Guadiana
Ruta de Washington Irving
Emb. de Los Machos
Villablanca
HUELVA
Bonares
Niebla
San Juan del Puerto
Lucena del Puerto
Moguer
Azinhal
Lepe
El Empalme
Cartaya
Aljaraque
Corrales
Ayamonte
Castro Marim
La Redondela
El Rompido
La Laguna del Portil
Monumento a Colón
Palos de la Frontera
Monasterio de la Rábida
El Corchuelo
Isla Cristina
La Antilla
Isla del Moral
Playa Canela
Vila Real de Sto. António
Playa del Portil
Punta Umbría
Playa de Punta Umbría
Isla del Saltés
Vila Nova de Cacela
Monte Gordo
Ponta da Areia
Praia de Cabanas
Mazagón
Torre del Oro
Playa de Castilla
P. Nat. de Doñana
Torre del Asparillo
Golfo de Cádiz
Costa de la Luz
Playa de Mazagón
Las Marismas
OCÉANO ATLÁNTICO
10 km
N433
N435
N431
N442
A49
E01
IC27
IP1
495
496
490
499
497
385
386
255
258
260
265
111
61
89

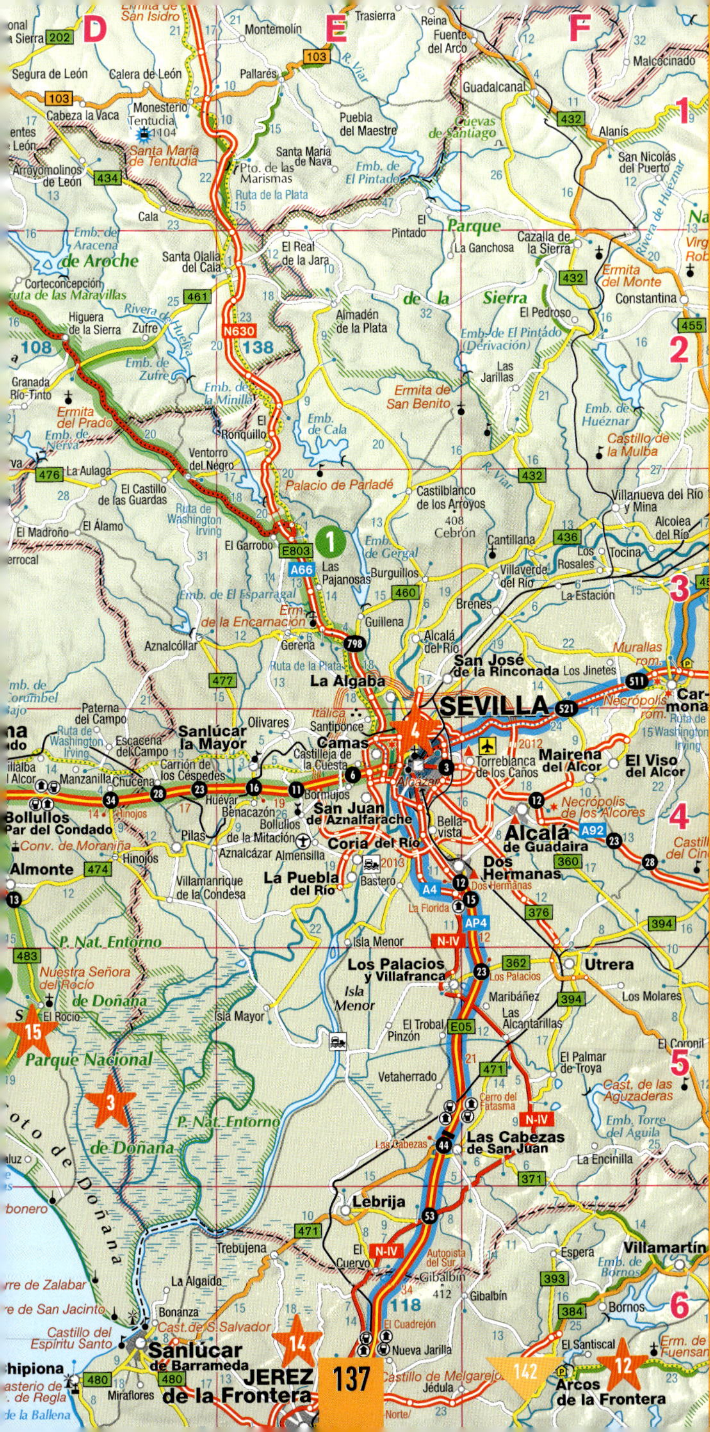
D
E
F
1
2
3
4
5
6
San Isidro
Montemolín
Trasierra
Reina
Fuente del Arco
Malcocinado
Segura de León
Calera de León
Pallarés
R. Viar
Guadalcanal
Cabeza la Vaca
Monesterio
Tentudía
1104
Santa María de Tentudía
Puebla del Maestre
Cuevas de Santiago
Alanís
San Nicolás del Puerto
Arroyomolinos de León
Pto. de las Marismas
Santa María de Nava
Emb. de El Pintado
Ruta de la Plata
Rivera de Huéznar
Cala
El Pintado
Parque
La Ganchosa
Cazalla de la Sierra
Emb. de Aracena
de Aroche
Santa Olalla del Cala
El Real de la Jara
Ermita del Monte
Corteconcepción
Ruta de las Maravillas
de la Sierra
Constantina
Higuera de la Sierra
Zufre
Rivera de Huelva
Almadén de la Plata
El Pedroso
Emb. de El Pintado (Derivación)
N630
138
108
Emb. de Zufre
Las Jarillas
Granada de Río-Tinto
Emb. de la Minilla
Ermita de San Benito
Emb. de Huéznar
Ermita del Prado
Emb. de Nerva
El Ronquillo
Emb. de Cala
Castillo de la Mulba
La Aulaga
Ventorro del Negro
Palacio de Parladé
El Castillo de las Guardas
Ruta de Washington Irving
Castilblanco de los Arroyos
408
Cebrón
Villanueva del Río y Mina
Alcolea del Río
El Madroño
El Álamo
El Garrobo
E803
A66
Emb. de Gergal
Cantillana
Tocina
Los Rosales
Las Pajanosas
Burguillos
Villaverde del Río
La Estación
Emb. de El Esparragal
Erm. de la Encarnación
Guillena
Brenes
Aznalcóllar
Gerena
798
Alcalá del Río
Murallas rom.
Ruta de la Plata
San José de la Rinconada
Los Jinetes
La Algaba
Carmona
Emb. de Corumbel Bajo
Itálica
SEVILLA
Necrópolis rom.
Paterna del Campo
Olivares
Santiponce
Ruta de Washington Irving
Sanlúcar la Mayor
Camas
Escacena del Campo
Castilleja de la Cuesta
Torreblanca de los Caños
Mairena del Alcor
El Viso del Alcor
Manzanilla
Chucena
Carrión de los Céspedes
Alcázar
Bollullos Par del Condado
Hinojos
Huévar
Benacazón
Bormujos
San Juan de Aznalfarache
Necrópolis de los Alcores
Bellavista
Alcalá de Guadaira
A92
Castillo del Cincho
Pilas
Bollullos de la Mitación
Conv. de Moraniña
Aznalcázar
Almensilla
Coria del Río
Dos Hermanas
Almonte
Villamanrique de la Condesa
La Puebla del Río
Bastero
2013
A4
AP4
La Florida
P. Nat. Entorno
Isla Menor
N-IV
Utrera
Nuestra Señora del Rocío
de Doñana
Los Palacios y Villafranca
Maribáñez
Los Molares
El Rocío
Isla Mayor
Las Alcantarillas
El Trobal
Pinzón
E05
El Coronil
Parque Nacional
Vetaherrado
El Palmar de Troya
Cast. de las Aguzaderas
Cerro del Fatasma
P. Nat. Entorno
Emb. Torre del Águila
de Doñana
Las Cabezas de San Juan
La Encinilla
Coto de Doñana
Lebrija
Trebujena
El Cuervo
Autopista del Sur
Espera
Villamartín
Torre de Zalabar
Gibalbín
412
Emb. de Bornos
La Algaida
118
Bornos
Torre de San Jacinto
Bonanza
El Cuadrejón
Castillo del Espíritu Santo
Cast. de S. Salvador
El Santiscal
Erm. de Fuensanta
Sanlúcar de Barrameda
Nueva Jarilla
Chipiona
Castillo de Melgarejo
Arcos de la Frontera
Santuario de N. S. de Regla
Miraflores
JEREZ de la Frontera
Jédula
Faro de la Ballena

A
B
C
1
2
3
4
5
6
10 km
Badajoz
Sierra
Parque Natural Sierra Norte
P. Nat. Sierra de Hornachuelos
Sevilla
Palomas
Puebla de la Reina
Valle de la Serena
Malpartida de la Serena
Castuera
Benquerencia de la Serena
Belén
Tiros
961
Cabeza del Buey
Higuera de la Serena
Zalamea de la Serena
Esparragosa de la Serena
Puerto Hurraco
Helechal
Monterrubio de la Serena
R. Zújar
Prior
Hornachos
943
Retamal
Puerto de Castuera
(673)
848
Santa Inés
Virgen de Fátima
Ermita del Cristo de las Injurias
Campillo de Llerena
Castaños y Trasierra
Presa de los Molinos de Matachel
Peraleda de Zaucejo
Hinojosa del Duque
Llera
Valencia de las Torres
R. Matachel
Blázquez
Valsequillo
La Granjuela
Maguilla
Higuera de Llerena
Villagarcía de la Torre
Granja de Torrehermosa
San Sebastián
Peñarroya-Pueblonuevo
Berlanga
Castillo de Ricamonte
Fuente Obejuna
Emb. de Sierra Boyera
Llerena
Ahillones
Azuaga
La Cardenchosa
La Coronada
733
Calaveruela
Argallón
Navalcuervo
Valverde de Llerena
Villar
Trasierra
Reina
Fuente del Arco
Ojuelos Altos
La Cardenchosa
R. Viar
Malcocinado
R. Bembézar
Guadalcanal
Puebla del Maestre
Cuevas de Santiago
Alanís
María
Nava
Emb. de El Pintado
San Nicolás del Puerto
Rivera de Huéznar
El Pintado
Tiesa
673
La Ganchosa
Cazalla de la Sierra
San Calixto
Almadén de la Plata
Virgen del Robledo
Ermita del Monte
Las Navas de la Concepción
Emb. del Retortillo
Convento de los Ángeles
Constantina
El Pedroso
Emb. de El Pintado (Derivación)
Hornachuelos
Las Jarillas
La Puebla de los Infantes
Emb. del Retortillo (Derivación)
Ermita de San Benito
Emb. de José Torán
Emb. de Huéznar
Castillo de la Mulba
Castillo de Almenara
Peñaflor
Emb. de Cala
El Priorato
Palma del Río
Castilblanco de los Arroyos
408
Cebrón
Villanueva del Río y Mina
Lora del Río
Alcolea del Río
El Calonge
Cantillana
Emb. de Gergal
Las Pajanosas
Burguillos
Los Rosales
Tocina
El Álamo
Villaverde del Río
La Estación
Brenes
La Campana
Guillena
Alcalá del Río
La Luisiana
San José de la Rinconada
Los Jinetes
Murallas rom.
La Algaba
Carmona
Fuentes de Andalucía
Necrópolis rom.
Ruta de Washington Irving
R. Corbones
SEVILLA
Camas
Santiponce
Torreblanca de los Caños
Mairena del Alcor
El Viso del Alcor
Los Arenales
Alcázar
Alcalá de Guadaira
Necrópolis de los Alcores
San Juan de Aznalfarache
Bellavista
Marchena
Coria del Río
Dos Hermanas
Paradas
La Puebla del Río
Bastero
La Florida
El Arahal
Los Ojuelos
Maestre
N432
A4
A92
E05

D
E
F
1
2
3
4
5
6
Ciudad Real
Córdoba
MORENA
Gualdálmez
Almadenejos
Castillo Manzaire
Alamillo
Ermita de la Santa Brígida
Brazatortas
Cabezarrubias del Puerto
Castillo de Vioque
Bienvenida
San Benito
Castillo de Mochuelo
Ermita de San Juan
Pto. de Niefla (908)
Santa Eufemia
Guijo
Río Montoro
El Viso
Torrecampo
R. Guadalmez
Villaralto
Dos Torres
Añora
Pedroche
Conquista
Ermita de San Isidro
Fuencaliente
Cuevas de Peña Escrita
Solana
Villanueva del Duque
Alcaracejos
Pozoblanco
Villanueva de Córdoba
P. Nat. Sierra de Andújar
Azuel
P. Nat. Cardeña
Pto. Calatraveño (727)
Espiel
Chimorra 959
R. Cuzna
Sierra de Cardena y Montoro
Venta del Charco
Cortijo de Garci-Gómez
Emb. de Martín Gonzalo
Emb. de Yeguas
Villaharta
Obejo
Torrecilla
Emb. de Puente Nuevo
Villaviciosa de Córdoba
El Vacar
R. Guadalbarbo
R. Esteras
Santa Brígida
Ermita de la Fuensanta
Ermita de la Virgen del Sol
Marmolejo
Embalse de Guadalmellato
Emb. de S.Rafael Navallana
Cerro Muriano
Adamuz
Algallarín
Montoro
Villafranca de Córdoba
Pedro Abad
Villa del Río
Arjona
Santuario de N. Señ. de Linares
Santa María de Trassierra
Lopera
Alcolea
El Carpio
Castillo de las Siete Torres
Bujalance
Real Monasterio de San Jerónimo
Medina Azahara
Mezquita Catedral
Emb. de la Breña
Villarrubia
Almodóvar del Río
El Higuerón
Majaneque
CÓRDOBA
Cañete de las Torres
Porcuna
El Jardón
Higuera de Calatrava
Ruta del Califato
Valenzuela
Guadalcázar
R. Guadajoz
Santa Cruz
Fuentidueña
Herrería
La Fuencubierta
Aldea Quintana
Fernán-Núñez
Castro del Río
Fuente Palmera
La Carlota
La Victoria
Espejo
Castillo de Doshermanas
Albendín
Los Noguerones
Villar
La Guijarrosa
San Sebastián de los Ballesteros
Los Algarbes
Montemayor
Murallas
Baena
Castillo del Hornillo
La Rambla
Montilla
Nueva Carteya
Doña Mencía
Santaella
Montalbán de Córdoba
Luque
Cueva del Cerro de los Murciélagos
Zuheros
La Montiela
Convento de las Descalzas
Aguilar
Cabra
Castillo de los Condes
P. Nat. Sierra Subbéticas
Zagrilla
La Aceñuela
Monturque
Carcabuey
Priego de Córdoba
Puente-Genil
Moriles
Los Villares
Marinaleda
R. Genil
Anzur
Lucena
Zambra
El Rubio
Herrera
Castillo de Campo Real
Los Piedros
Las Lagunillas
Emb. de Cordobilla
Cañadillas
Rute
Algarinejo
Estepa
Badolatosa
Embalse de Iznájar
Fuentes de Cesna
Gilena
Becerrero
Lora de Estepa
Casariche
Encinas Reales
Cuevas de San Marcos
Iznájar
Zagra
Aguadulce
144

A
B
C
1
2
3
4
5
6
10 km
Emb. de Montoro
Río Montoro
La Antigua
R. Montoro
San Lorenzo de Calatrava
Solana del Pino
Cuevas de Peña Escrita
Rebollera 1161
El Hoyo
Castillo de Pajarón
Desfiladero de Despeñaperros
P. Nat. Despeñaperros
Contadero
El Centenillo
Santa Elena
Azuel
P. Nat. Cardeña
P. Nat. Sierra de Andújar
Sierra de Cardeña
Emb. de Jándula
Emb. de La Fernandina
La Carolina
Carboneros
Venta del Charco
Emb. de Martín Gonzalo
Montoro
Emb. de Encinarejo
Emb. del Rumblar
Guarromán
Vilches
Virgen de la Cabeza
Santuario Virgen de la Cabeza
Baños de la Encina
Los Escoriales
Ruinas romanas de Cástulo
Emb. de Yeguas
Ermita de Santa María
Ermita de la Concepción
Bailén
Linares
Ermita de la Fuensanta
R. Guadalquivir
Baños de Fuente de la Encina
Castillo árabe de Cavas
Andújar
Marmolejo
Jabalquinto
Montoro
Villa del Río
Arjonilla
Higuera de Arjona
Villanueva de la Reina
Castillo de las Huelgas
Torreblascopedro
Begíjar
Emb. de Mengíbar
Palacio Jabalquinto
Mengíbar
Lopera
Arjona
Bujalance
Alharilla
Ruta de los Almohades y Nazaríes
Las Infantas
Villargordo
Torrequebradilla
Escañuela
Fuerte del Rey
Castillo de Recena
Cañete de las Torres
Porcuna
Ermita de Alharilla
Grañena
Higuera de Calatrava
Villardompardo
Cueva de la Graja
Torre del Campo
Torres
Valenzuela
Torredonjimeno
Lendínez
Mancha Real
Fuentidueña
Santiago de Calatrava
Jamilena
JAÉN
La Guardia de Jaén
Pegalajar
P. Nat. Sierra Mágina
Martos
La Bobadilla
Los Villares
Cambil
Albendín
La Carrasca
Los Noguerones
R. Víboras
Carchelejo
Arbuniel
Murallas
Baena
Fuensanta de Martos
Ermita de Santa Lucía
Doña Mencía
Alcaudete
Valdepeñas de Jaén
Luque
Sierra de Alta Coloma
Zuheros
Marroquín-Encina Hermosa
Campillo de Arenas
Montejícar
Guadahortuna
Cueva del Cerro de los Murciélagos
Fuente Tójar
Castillo de Locubín
Pto. de Carretero (1040)
Noalejo
Domingo Pérez
San José de la Rábita
Zagrilla
Castillo de Medinaceli
La Carrasca
Castillo árabe de la Mota
Frailes
Campotéjar
P. Nat.
Almedinilla
Santa Ana
Ruta de los Almohades y Nazaríes
Carcabuey
Alcalá la Real
Pto. de Zegrí (1080)
Sierra Subbéticas
Los Villares
Priego de Córdoba
Ermita de la Virgen
Mures
Benalúa de las Villas
Zambra
Las Navas
Limones
Emb. de Colomera
Las Lagunillas
Pto. Lope (900)
Colomera
Iznalloz
Rute
Algarinejo
Montefrío
Moclín
Ruta del Califato
Orduña 1943
Emb. de Iznájar
Fuentes de Cesna
Íllora
Deifontes
Iznájar
Pto. de Ventorros de Zarga (900)
Ermita de Monte Santo
Alomartes
Cogollos Vega
Zagra
Tocón
Pinos-Puente
Ruinas de Elvira
Güevéjar
Albolote
Alfacar
Ventorros de Balerma
Vaqueros
Atarfe
Huétor-Santillán
Villanueva de Tapia
Huétor-Tájar
Chauchina
Láchar
Maracena
GRANADA
Loja
Moraleda de Zafayona
Catedral
Cenes de la Vega
Salar
Santa Fe
Armilla
Alhambra
Ruta de los Almorávides
Los Infiernos
Estación de Salinas
Monachil
Zubia
Conv. de S. Jerónimo
Malá
Los Alazores
Sta. Cruz de Alhama o del Comercio
Pto. del Suspiro del Moro (860)
Suspiro del Moro
Dílar
N420
E05
A4
N322
A44
E902
N323
N432
N432A
A92
145

D
E
F
1
2
3
4
5
6
Castellar de Santiago
Castillo de Montizón
Villamanrique
Principe
Bienservida
Villarrodrigo
Onsares
Villaverde de Guadalimar
Génave
Castillo Tasca
Torres de Albánchez
Cotillas
Aldeaquemada
Castillo el Cardete
Siles
Venta de los Santos
Emb. del Guadalmena
Puente de Génave
310
Parque
Aldeahermosa
Muela de Chiclana
998
Chiclana de Segura
Castillo Bujalamé
La Puerta de Segura
Orcera
Arroyo del Ojanco
Segura de la Sierra
Ermita de la Sierra de Agua
Cuevas del Biche
El Campillo
El Campillo
Natural
312
Castellar de Santisteban
Sorihuela de Guadalimar
Beas de Segura
Cortijos Nuevos
Santisteban del Puerto
Erm. de Ntra. Sra. de la Consolación
Gutar
El Calvario
Tranco
Sierras
R. Guadalimar
R. Guadalquivir
Emb. de El Tranco de Beas
Ermita de la Estrella
N322
Villanueva del Arzobispo
R. Segura
Santiago de la Espada
Villacarrillo
Los Centenaros
Pontones
Alba-cete
Emb. de Olvera
de
Sabiote
Mogón
319
Sierra de Cazorla
Cazorla,
Sierra de Segura
Torreperogil
Santo Tomé
317
Úbeda
Chilluévar
Pto. de las Palomas
(1290)
Segura y
El Molar
Sagra
2383
Puebla de Don Fadrique
315
Cazorla
Emb. de Pedro Marín
Peal de Becerro
Las
Villas
P. Nat.
Emb. de San Clemente
Sierra de
Venta de la Chata
Castillo de la Yedra
Castillo Toya
Toya
San Clemente
Castril
Quesada
Castillo Majuela
Huéscar
Jódar
Emb. de La Bolera
326
Pto. de Tiscar
(1183)
Castril
Cueva del Agua
Cebas
Larva
Tiscar-Don Pedro
Las Almontarás
Necrópolis de Tútugi
Huesa
Galera
R. Guadiana Menor
R. Guardal
Hinojares
Orce
Castilléjar
Cabra del Santo Cristo
Pozo Alcón
Bélmez de Moraleda
R. Castril
Fontanar
R. Guadalentín
Cortes de Baza
330
Perea
1612
Alicún de Ortega
Cuevas del Campo
Benamaurel
Cúllar-Baza
146
Emb. de Negratín
Río Fardes
2
315
Jabalcón
1492
Alamedilla
Sant. de Ntra. Sra. de la Cabeza
R. de Baza
Villanueva de las Torres
Zújar
1443
Baños de Alicún de las Torres
Bacor-Olivar
Freila
El Sahuco
Pedro-Martínez
1447
Mencal
Ruta de Ibn al-Jatib
Baza
Gorafe
401
Alcazaba
Almidar
A92N
El Baúl
Caniles
Huélago
Fonelas
Las Viñas
334
El Hijate
Erm. de S. Torcuato
Parque
308
Santa Bárbara
2271
Sierra de Baza
Darro
Benalúa de Guadix
Gor
Natural
Ruta de Ibn al-Jatib
Alcóntar
Serón
282
Purullena
Casas Cueva
2296
Sierra de
Baza
Fardes
Charches
Guadix
La Peza
Alcudia de Guadix
Lugros
El Haza del Riego
Observatorio astronómico
Jerez del Marquesado
Castillo
A92
Huéneja
Fiñana
Almería
2
La Calahorra
333
Ruta de Münzer
Gérgal
105
Abla
Carretera más Europa
354
Sierra Nevada
Pto. de la Ragua
(2000)
Parque Nacional de Sierra Nevada
Veleta
3481
Mulhacén
337
Paterna
Ohanes
Alboloduy
146

A
B
C
1
2
3
5
6
137
SEVILLA
Bollullos Par del Condado
Almonte
Hinojos
Pilas
Huévar
Benacazón
Bollullos de la Mitación
Aznalcázar
Almensilla
Bormujos
Coria del Río
La Puebla del Río
Bastero
Villamanrique de la Condesa
Conv. de Morañina
Bellavista
Alcalá de Guadaira
Mairena
Necrópolis de los Alcores
Dos Hermanas
La Florida
Isla Menor
Los Palacios y Villafranca
Utrera
Maribáñez
Las Alcantarillas
El Trobal
Pinzón
Isla Mayor
Vetaherrado
El Palmar de Troya
Cast. de Aguzaderas
Cerro del Fatasma
Las Cabezas de San Juan
Emb. Torre del Águila
La Encinilla
P. Nat. Entorno de Doñana
Nuestra Señora del Rocío
El Rocío
Parque Nacional
Coto de Doñana
P. Nat. Entorno de Doñana
Pueblo Andaluz
Playa de Matalascañas
Torre Carbonero
Lebrija
Trebujena
El Cuervo
Autopista del Sur
Espera
Emb. de Bornos
Gibalbín
Bornos
Torre de Zalabar
Torre de San Jacinto
La Algaida
Bonanza
Castillo del Espíritu Santo
Cast. de S. Salvador
Sanlúcar de Barrameda
El Cuadrejón
Nueva Jarilla
El Santiscal
Chipiona
Monasterio de Ntra. Sra. de Regla
Playa de la Ballena
Miraflores
JEREZ de la Frontera
Castillo de Melgarejo
Jédula
Arcos de la Frontera
Jerez-Norte/Arcos
Jerez-Sur/Medina
Aquasherry Park
La Barca de la Florida
Emb. de Guadalcacín
Peña del Águila
Castillo de Luna
La Cartuja
Rota
La Mata
La Ina
El Torno
San José del Valle
Cast. de S. Marcos
El Portal
El Puerto de Santa María
Valdelagrana
Bahía de Cádiz
Pto. Sta. María/Pto. Real
Algeciras/San Fernando
Cast. de S. Sebastián
Las Palmas, Santa Cruz de la Palma, Arrecife
Puerto Real
El Trocadero
Barrio de Jarana
Cádiz
CÁDIZ
Paterna de Rivera
Castillo árabe de Luna
Alcalá de los Gazules
Parque Nat. Bahía de Cádiz
San Fernando
Medina Sidonia
Chiclana de la Frontera
Ruta de los Almorávides
Sancti Petri
Los Naveros
Barrio Nuevo
Benalup de Sidonia
Castillo de Benalup
R. Barbate
Cueva de las Figuras
Emb. de Celemín
Roche
Conil de la Frontera
Vejer de la Frontera
Barbate de Franco
Los Caños de Meca
Castillo de Barbate
P. Nat. Barbate
Cabo de Trafalgar
Tahivilla
Zahara de los Atunes
Lentiscal
Pta. Camarinal
Ensenada de Bolonia
Punta Marroquí o de
Estrec
Costa de la Luz
OCÉANO ATLÁNTICO
10 km

D
E
F
139
1
2
3
4
5
6
Marchena
La Lantejuela
Los Ojuelos
Casablanca
Estepa
Badolatosa
Casariche
Paradas
Gilena
Becerrero
Lora de Estepa
El Arahal
Maestre
Osuna
Aguadulce
Pedrera
A92
157
La Puebla de Cazalla
San Antonio del Fontanar
La Roda de Andalucía
Fuente de Piedra
Ruta de Washington
Sierra de Yeguas
Murallas
Morón de la Frontera
R. Corbones
L. Fuente de Piedra
Humilladero
Martín de la Jara
Los Corrales
El Saucejo
Montegil
Las Encarnaciones
Villanueva de San Juan
Algámitas
Campillos
Bobadilla
Erm. de San Juan
Montellano
Emb. de Guadalhorce
Castillo de Cote
Pruna
Almargen
Teba
Castillo de la Estrella
Coripe
Olvera
Cañete la Real
Pantano del Chorro
Puerto Serrano
Torre-Alháquime
Alcalá del Valle
Embalse del Chorro
Garganta del Chorro
Algodonales
Ardales
171
El Gastor
Ruinas de Acinipo
Cuevas del Becerro
Castillo de Turón
Carratraca
Las Mellizas
Emb. de Zahara
Zahara
Setenil
Málaga
Álora
Prado del Rey
P. Nat. Sierra de
Montecorto
Arriate
El Burgo
Casarabonela
Cerro Prieto
Grazalema
Pto. del Viento (1190)
Pto. de las Abejas (820)
Pizarra
El Bosque
Pto. del (1103) Boyar
Cueva del Hundidero
Ronda
Yunquera
Alozaina
Montejaque
Serranía de Ronda
Castillo de Tavizna
Grazalema
Benaoján
Parque
Tolox
Benaocaz
Villaluenga del Rosario
Cueva de la Pileta
Natural Sierra
Ubrique
Guaro
Coín
Cortes de la Frontera
de las Nieves
Parque Natural
Atajate
Igualeja
Monda
Alhaurín el Grande
Benadalid
Ruta de los Almorávides
Emb. de la Concepción
Istán
Ojén
Mijas/Fuengirola
Mijas
La Angostura del Guadiaro
Jubrique
Altos de Marbella
Algatocín
Sierra Bermeja
Marbella/Ojén
Nagüeles
El Chaparral
El Colmenar
Benahavís
Nueva Andalucía
Elviria
Sauceda
Gaucín
S. Pedro Alcántara
Los Monteros
Sitio de Calahonda
Río Castor
Puerto
Marbella
1448 Reales
Playa de Calahonda
Castillo Algibe
San Pablo o Buceite
Casares
Estepona Oeste
San Pedro Alcántara
Los
Jimena de la Frontera
El Velerín
Ruta de al-Idrisi
AP7
Estepona
R. Guadarranque
Manilva/Casares
Acueducto rom. de Salduba
Manilva
A7
San Luis de Sabinillas
San Martín del Tesorillo
E15
Castillo de Sabinillas
Emb. de Guadarranque
N340
Castellar de la Frontera
Nuevo Guadiaro
Sotogrande/Torreguadiaro
Costa del Sol
Almoraima
Emb. de Charco Redondo
Pto. del Higuerón (151)
San Roque
Palmones
Puente Mayorga
Los Barrios
Ruinas Rom.
La Línea de la Concepción
Mar
Bahía de Algeciras
Gibraltar (GB)
Algeciras
Cueva de St. Michael
Punta de Europa
Mediterráneo
Ptá. del Carnero
La Costa
Castillo de Guzmán el Bueno
de Gibraltar
Islote del Perejil (Esp.)
Ceuta (Esp.)
(Sebta)
Punta Leona
Benzú
Jbel Musa
Punta Almina
El-Biutz
N16
Sant. de Ntra. Sra. de África

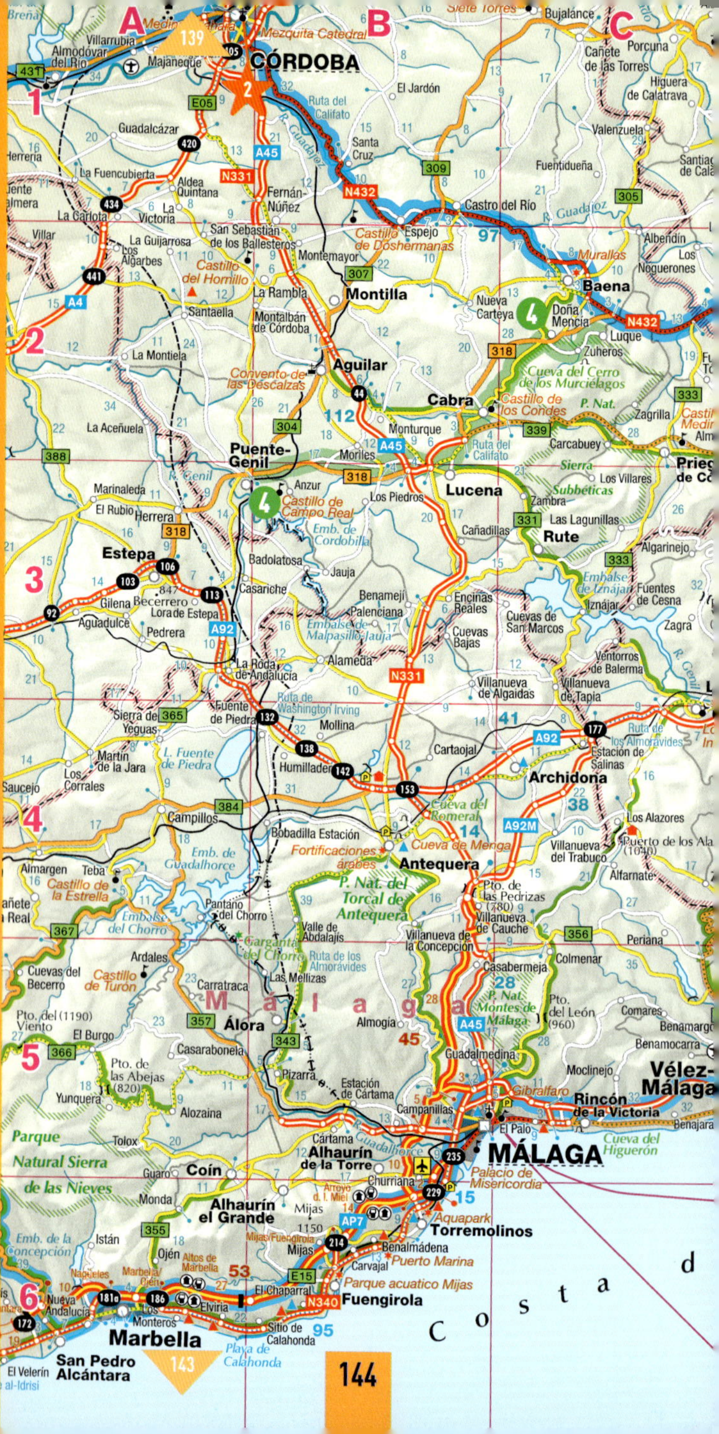

A
B
C
139
CÓRDOBA
Mezquita Catedral
Medina Azahara
Villarrubia
Almodóvar del Río
Majaneque
Siete Torres
Bujalance
Cañete de las Torres
Porcuna
Higuera de Calatrava
El Jardín
Ruta del Califato
Santa Cruz
Valenzuela
Guadalcázar
Fuentidueña
Santiago de Calatrava
Herrería
La Fuencubierta
Aldea Quintana
Fernán-Núñez
Castro del Río
La Carlota
La Victoria
San Sebastián de los Ballesteros
Castillo Espejo
Castillo de Doshermanas
Villar
La Guijarrosa
Los Algarbes
Castillo del Hornillo
Montemayor
Albendín
Los Noguerones
Murallas
Baena
Montilla
La Rambla
Santaella
Montalbán de Córdoba
Nueva Carteya
Doña Mencía
Luque
Zuheros
La Montiela
Aguilar
Convento de las Descalzas
Cueva del Cerro de los Murciélagos
Cabra
Castillo de los Condes
P. Nat.
Zagrilla
La Aceñuela
Monturque
Moriles
Ruta del Califato
Carcabuey
Puente-Genil
R. Genil
Anzur
Castillo de Campo Real
Lucena
Sierra Subbéticas
Los Villares
Priego de Córdoba
Marinaleda
El Rubio
Herrera
Los Piedros
Emb. de Cordobilla
Zambra
Cañadillas
Las Lagunillas
Rute
Estepa
Badolatosa
Jauja
Algarinejo
Embalse de Iznájar
Fuentes de Cesna
Gilena
Becerrero
Lora de Estepa
Casariche
Benamejí
Palenciana
Encinas Reales
Cuevas de San Marcos
Iznájar
Aguadulce
Pedrera
Embalse de Malpasillo-Jauja
Cuevas Bajas
Zagra
La Roda de Andalucía
Alameda
Ventorros de Balerma
Villanueva de Algaidas
Villanueva de Tapia
Sierra de Yeguas
Fuente de Piedra
Ruta de Washington Irving
Mollina
Ruta de los Almorávides
Estación de Salinas
Martín de la Jara
L. Fuente de Piedra
Humilladero
Cartaojal
Archidona
Los Corrales
Saucejo
Campillos
Bobadilla Estación
Cueva del Romeral
Los Alazores
Cueva de Menga
Fortificaciones árabes
Antequera
Villanueva del Trabuco
Puerto de los Alazores
Almargen
Teba
Castillo de la Estrella
Emb. de Guadalhorce
P. Nat. del Torcal de Antequera
Alfarnate
Pto. de las Pedrizas
Villanueva de Cauche
Pantano del Chorro
Embalse del Chorro
Garganta del Chorro
Valle de Abdalajís
Villanueva de la Concepción
Periana
Ardales
Ruta de los Almorávides
Casabermeja
Colmenar
Cuevas del Becerro
Castillo de Turón
Las Mellizas
Carratraca
Málaga
P. Nat. Montes de Málaga
Pto. del León
Comares
Pto. del Viento
El Burgo
Álora
Almogía
Benamargosa
Casarabonela
Benamocarra
Guadalmedina
Moclinejo
Vélez-Málaga
Pto. de las Abejas
Yunquera
Pizarra
Estación de Cártama
Alozaina
Campanillas
Gibralfaro
Rincón de la Victoria
Benajarala
Parque Natural Sierra de las Nieves
Tolox
Cártama
El Palo
MÁLAGA
Cueva del Higuerón
Alhaurín de la Torre
Guaro
Coín
Churriana
Palacio de Misericordia
Arroyo d. l. Miel
Monda
Alhaurín el Grande
Mijas
Aquapark
Torremolinos
Emb. de la Concepción
Istán
Ojén
Altos de Marbella
Mijas-Fuengirola
Benalmádena
Carvajal
Puerto Marina
Nagüeles
Marbella/Ojén
El Chaparral
Parque acuatico Mijas
Fuengirola
Nueva Andalucía
Los Monteros
Elviria
Sitio de Calahonda
Marbella
Playa de Calahonda
143
El Velerín
San Pedro Alcántara
al-Idrisi
Costa d

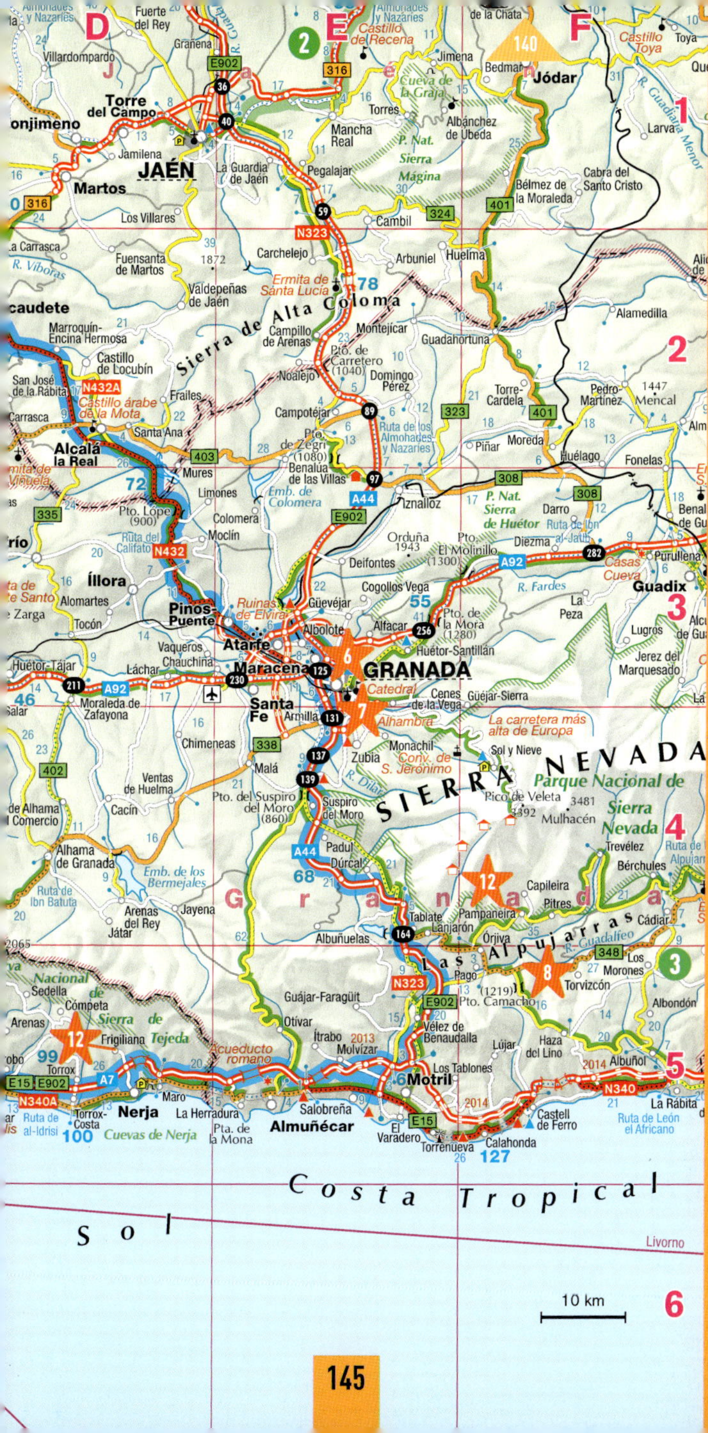

D
E
F
140
1
2
3
4
5
6
Fuerte del Rey
Grañena
Villardompardo
Torre del Campo
Jamilena
JAÉN
Martos
Los Villares
La Guardia de Jaén
Mancha Real
Pegalajar
Castillo de Recena
Jimena
Cueva de la Graja
Torres
Albánchez de Úbeda
P. Nat. Sierra Mágina
Bedmar
Jódar
Castillo Toya
Larva
R. Guadiana Menor
Bélmez de la Moraleda
Cabra del Santo Cristo
Cambil
Arbuniel
Huelma
Fuensanta de Martos
Carchelejo
Valdepeñas de Jaén
Ermita de Santa Lucía
Sierra de Alta Coloma
Alamedilla
Marroquín-Encina Hermosa
Castillo de Locubín
Campillo de Arenas
Montejícar
Guadahortuna
Pto. de Carretero (1040)
Noalejo
Domingo Pérez
Torre-Cardela
Pedro-Martínez
Mencal
San José de la Rábita
Castillo árabe de la Mota
Frailes
Campotéjar
Ruta de los Almohades y Nazaríes
Alcalá la Real
Santa Ana
Pto. de Zegrí (1080)
Benalúa de las Villas
Piñar
Moreda
Huélago
Fonelas
Mures
Limones
Emb. de Colomera
Iznalloz
P. Nat. Sierra de Huétor
Darro
Benalúa de Guadix
Pto. Lope (900)
Colomera
Moclín
Ruta del Califato
Orduña 1943
Pto. El Molinillo (1300)
Diezma
Ruta de Ibn al-Jatib
Purullena
Íllora
Deifontes
Casas Cueva
Guadix
Alomartes
Cogollos Vega
R. Fardes
Pinos-Puente
Ruinas de Elvira
Güevéjar
Albolote
Alfacar
Pto. de la Mora (1280)
La Peza
Lugros
Tocón
Atarfe
Vaqueros
Chauchina
Huétor-Tájar
Láchar
Maracena
GRANADA
Huétor-Santillán
Jerez del Marquesado
Catedral
Cenes de la Vega
Güéjar-Sierra
Moraleda de Zafayona
Santa Fe
Armilla
Alhambra
La carretera más alta de Europa
Chimeneas
Monachil
Sol y Nieve
Zubia
Conv. de S. Jerónimo
SIERRA NEVADA
Parque Nacional de Sierra Nevada
Malá
Ventas de Huelma
Pto. del Suspiro del Moro (860)
Suspiro del Moro
Pico de Veleta 3392
3481 Mulhacén
Cacín
Padul
Dúrcal
Trevélez
Bérchules
Alhama de Granada
Emb. de los Bermejales
Capileira
Pitres
Ruta de Ibn Batuta
Arenas del Rey
Játar
Jayena
Granada
Tablate
Lanjarón
Pampaneira
Cádiar
Albuñuelas
Órjiva
Las Alpujarras
R. Guadalfeo
Los Morones
Sedella
Pago
(1219) Pto. Camacho
Torvizcón
Cómpeta
Sierra de Tejeda
Guájar-Faragüit
Albondón
Otívar
Vélez de Benaudalla
Frigiliana
Ítrabo
Molvízar
Lújar
Haza del Lino
Acueducto romano
Albuñol
Torrox
Los Tablones
Motril
Maro
Nerja
La Herradura
Salobreña
Castell de Ferro
La Rábita
Torrox-Costa
Ruta de al-Idrisi
Cuevas de Nerja
Pta. de la Mona
Almuñécar
El Varadero
Torrenueva
Calahonda
Ruta de León el Africano
Costa Tropical
Sol
Livorno
10 km

A
B
C
1
2
3
5
6
Ibros
Baeza
Palacio de Jabalquinto
Úbeda
Torreperogil
Chilluévar
Pto. de las Palomas (1290)
Sierras de Cazorla, Segura y Las Villas
El Molar
Cazorla
Peal de Becerro
Castillo de la Yedra
Emb. de Pedro Marín
Venta de la Chata
Ruta de los Almohades y Nazaríes
Castillo de Recena
Jimena
Bedmar
Jódar
Castillo Toya
Toya
Quesada
Castillo Majuela
Sierra de Cazorla
Sierra de Castril
Emb. de La Bolera
Castril
Cueva de la Graja
Torres
Mancha Real
Albánchez de Úbeda
P. Nat. Sierra Mágina
Larva
R. Guadiana Menor
Cueva del Agua
Huesa
Pto. de Tiscar (1183)
Tiscar-Don Pedro
Cebas
Las Almont
Hinojares
Pegalajar
Bélmez de la Moraleda
Cabra del Santo Cristo
Pozo Alcón
R. Castril
R. Guadalentín
Cortes de Baza
Cambil
Fontanar
Arbuniel
Huelma
Alicún de Ortega
Cuevas del Campo
Emb. de Negratín
Río Fardes
Alamedilla
Jabalcón 1492
Sant. de Ntra. Sra. de la Cabeza
Montejícar
Guadahortuna
Villanueva de las Torres
Zújar
Pto. de Carretero (1040)
Domingo Pérez
Baños de Alicún de las Torres
Bacor-Olivar
Freila
Torre-Cardela
Pedro Martínez
1447 Mencal
Gorafe
Ruta de Ibn al-Jatib
Alcazaba
Baza
Ruta de los Almohades y Nazaríes
Piñar
Moreda
Huélago
Almidar
Caniles
El Baúl
Fonelas
Las Viñas
Erm. de S. Torcuato
Parque Natural Sierra de Baza
Santa Bárbara 2271
Iznalloz
P. Nat. Sierra de Huétor
Darro
Ruta de Ibn al-Jatib
Benalúa de Guadix
Gor
Orduña 1943
Pto. El Molinillo (1300)
Diezma
Deifontes
Purullena
Casas Cueva
2296
Charches
Cogollos Vega
R. Fardes
Güevéjar
La Peza
Guadix
Albolote
Alfacar
Pto. de la Mora (1280)
Huétor-Santillán
Lugros
Alcudia de Guadix
El Haza del Riego
GRANADA
Catedral
Jerez del Marquesado
Castillo
Huéneja
Fiñana
Cenes de la Vega
Güéjar-Sierra
La Calahorra
Armilla
Alhambra
La carretera más alta de Europa
Abla
Ruta de Munzer
Monachil
Sol y Nieve
Zubia
Conv. de S. Jerónimo
SIERRA NEVADA
Pto. de la Ragua (2000)
Parque Nacional de Sierra Nevada
Pico de Veleta 3392
3481 Mulhacén
Suspiro del Moro
R. Dílar
Paterna del Río
Padul
Dúrcal
Trevélez
Ruta de la Alpujarra
Válor
Laroles
Laujar de Andarax
Bérchules
Capileira
Pitres
Ugíjar
Alcolea
Fondón
Albuñuelas
Tablate
Lanjarón
Pampaneira
Cádiar
Erm. de S. Sebastián
Órjiva
Las Alpujarras
R. Guadalfeo
Los Morones
Murtas
Beninar
Sierra de Gádor 2242
Castala
Pago
(1219)
Pto. Camacho
Torvizcón
Faragüit
Albondón
Murallas
Berja
Dalías
Vélez de Benaudalla
Lújar
Haza del Lino
Los Clementes
Santa María del Águila
Molvízar
2013
Los Tablones
Motril
2014
Albuñol
El Ejido
Balanegra
La Mojonera
Castell de Ferro
La Rábita
El Lance de la Virgen
Adra
El Puente del Río
Balerma
El Varadero
Torrenueva
Calahonda
Ruta de León el Africano
Guardias Viejas
Almerimar
Pta. Entinas
Costa Tropical
Cos
A44
E902
A92
A92N
N323
N340
E15
141
146

D
E
F
Reg. de Murcia
Huéscar
Sagra
2383
Puebla de Don Fadrique
Almaciles
de la Cruz
El Moral
Almudema
Ermita de las Peñicas
Ermita del Calvario
Coy
Royos
Las Cobatillas
Cortijos Nuevos del Campo
1332
Guadalupe
Zarcilla de Ramos
La Paca
Zarzadilla de Totana
La Cañada de Cañepla
Casas de Panes
Pantano de Puentes
Emb. de Puentes
Fuensanta
Lorca
Galera
Necrópolis de Tútugi
Orce
Castilléjar
La Alfahuara
María
Pto. de María
(1200)
P. Nat.
Vélez Blanco
María
2045
Sierra María
Cueva de los Letreros
Vélez Rubio
Perea
1612
Pto. de El Contador o de Vertientes
(1130)
Ruta de Ibn al-Jatib
El Aljibe y las Brencas de Sicilia
Cúllar-Baza
Chirivel
Rambla Chirivel
Los Guiraos
Sierra de las Estancias
Los Tonosas
Pto. de Santa María de Nieva
(1085)
Puerto Lumbreras
1443
El Sahuco
Oria
Saliente Alto
Cueva de las Estalactitas
Abejuela
Taberno
Santa María de Nieva
Urcal
Almendricos
Pulpí
La Ermita
El Hijate
Lúcar
Albox
Huércal-Overa
El Saltador
Emb. de Cuevas del Almanzora
Olula del Río
Purchena
Cantoria
Zurgena
Santa Bárbara
El Rincón
Alcóntar
Serón
Tíjola
Macael
Sierro
Río Almanzora
Cuevas del Almanzora
Los Lobos
367
Tenerife
Ermita de la Cabeza
Albánchez
Cóbdar
Puerto de la Virgen
(1070)
Barriada Las Canteras
Vera
Villaricos
Palomares
Bacares
Tetica
2080
Sierra de los Filabres
Tahal
Antas
Lubrín
Observatorio astronómico
Velefique
Senés
Castro de Filabres
Uleila del Campo
Cortijada el Pilar
Los Gallardos
Garrucha
Castillo Jesús Nazareno
Turre
Los Castaños
Mojácar
Arráez
919
Almería
Gérgal
Central Solar
Los Yesos
Sorbas
Ruta de Münzer
Castillo Macenas
Torre del Peñón
Tabernas
Lucainena de las Torres
Polopos
Mini Hollywood
1387
Colativí
Sierra de Alhamilla
Níjar
Carboneras
Alhama de Almería
Gádor
Pechina
Campohermoso
Agua Amarga
Parque Natural
Cabo de Gata-Níjar
Pta. de la Media Naranja
Benahadux
Las Cuevas de los Medinas
San Isidro de Níjar
Las Negras
Enix
Viator
El Alquián
Rodalquilar
Pta. de la Polacra
La Alcazaba
Catedral
La Cañada de S. Urbano
Retamar
Aguadulce
Ruta de León el Africano
ALMERÍA
Rambla de Morales
Castillo San Felipe
El Pozo de los Frailes
El Cabo de Gata
384
493
San José
Roquetas de Mar
Golfo de Almería
Almadraba de Monteleva
Playa Serena
Playa de Cerrillos
Cabo de Gata
Mar de Alborán
Mar de Almería
10 km
Melilla
Nador
Ghazaouet
1
2
3
4
5
6

KARTENLEGENDE

Autobahn mit Anschlussstellen
Motorway with junctions

Autobahn in Bau
Motorway under construction

Mautstelle
Toll station

Raststätte mit Übernachtung
Roadside restaurant and hotel

Raststätte
Roadside restaurant

Tankstelle
Filling-station

Autobahnähnliche Schnellstraße mit Anschlussstelle
Dual carriage-way with motorway characteristics with junction

Fernverkehrsstraße
Trunk road

Durchgangsstraße
Thoroughfare

Wichtige Hauptstraße
Important main road

Hauptstraße
Main road

Nebenstraße
Secondary road

Eisenbahn
Railway

Autozug-Terminal
Car-loading terminal

Zahnradbahn
Mountain railway

Kabinenschwebebahn
Aerial cableway

Eisenbahnfähre
Railway ferry

Autofähre
Car ferry

Schifffahrtslinie
Shipping route

Landschaftlich besonders schöne Strecke
Route with beautiful scenery

Alleenstr. — Touristenstraße
Tourist route

XI-V — Wintersperre
Closure in winter

Straße für Kfz gesperrt
Road closed to motor traffic

8% — Bedeutende Steigungen
Important gradients

Für Wohnwagen nicht empfehlenswert
Not recommended for caravans

Für Wohnwagen gesperrt
Closed for caravans

Besonders schöner Ausblick
Important panoramic view

Wartenstein *Umbalfälle* — Sehenswert: Kultur - Natur
Of interest: culture - nature

Badestrand
Bathing beach

Nationalpark, Naturpark
National park, nature park

Sperrgebiet
Prohibited area

Kirche
Church

Kloster
Monastery

Schloss, Burg
Palace, castle

Moschee
Mosque

Ruinen
Ruins

Leuchtturm
Lighthouse

Turm
Tower

Höhle
Cave

Ausgrabungsstätte
Archaeological excavation

Jugendherberge
Youth hostel

Allein stehendes Hotel
Isolated hotel

Berghütte
Refuge

Campingplatz
Camping site

Flughafen
Airport

Regionalflughafen
Regional airport

Flugplatz
Airfield

Staatsgrenze
National boundary

Verwaltungsgrenze
Administrative boundary

Grenzkontrollstelle
Check-point

Grenzkontrollstelle mit Beschränkung
Check-point with restrictions

ROMA — Hauptstadt
Capital

VENÉZIA — Verwaltungssitz
Seat of the administration

Ausflüge & Touren
Excursions & tours

Perfekte Route
Perfect route

MARCO POLO Highlight
MARCO POLO Highlight

ALLE **MARCO POLO** REISEFÜHRER

DEUTSCHLAND

Allgäu
Bayerischer Wald
Berlin
Bodensee
Chiemgau/ Berchtesgadener Land
Dresden/ Sächsische Schweiz
Düsseldorf
Eifel
Erzgebirge/ Vogtland
Föhr/Amrum
Franken
Frankfurt
Hamburg
Harz
Heidelberg
Köln
Lausitz/ Spreewald/ Zittauer Gebirge
Leipzig
Lüneburger Heide/ Wendland
Mecklenburgische Seenplatte
Mosel
München
Nordseeküste Schleswig-Holstein
Oberbayern
Ostfriesische Inseln
Ostfriesland/ Nordseeküste Niedersachsen/ Helgoland
Ostseeküste Mecklenburg-Vorpommern
Ostseeküste Schleswig-Holstein
Pfalz
Potsdam
Rheingau/ Wiesbaden
Rügen/Hiddensee/ Stralsund
Ruhrgebiet
Sauerland
Schwarzwald
Stuttgart
Sylt
Thüringen
Usedom
Weimar

ÖSTERREICH SCHWEIZ

Berner Oberland/ Bern
Kärnten
Österreich
Salzburger Land
Schweiz
Steiermark
Tessin
Tirol
Wien
Zürich

FRANKREICH

Bretagne
Burgund
Côte d'Azur/ Monaco
Elsass
Frankreich
Französische Atlantikküste
Korsika
Languedoc-Roussillon
Loire-Tal
Nizza/Antibes/ Cannes/Monaco
Normandie
Paris
Provence

ITALIEN MALTA

Apulien
Dolomiten
Elba/Toskanischer Archipel
Emilia-Romagna
Florenz
Gardasee
Golf von Neapel
Ischia
Italien
Italienische Adria
Italien Nord
Italien Süd
Kalabrien
Ligurien/Cinque Terre
Mailand/ Lombardei
Malta/Gozo
Oberital. Seen
Piemont/Turin
Rom
Sardinien
Sizilien/Liparische Inseln
Südtirol
Toskana
Umbrien
Venedig
Venetien/Friaul

SPANIEN PORTUGAL

Algarve
Andalusien
Barcelona
Baskenland/ Bilbao
Costa Blanca
Costa Brava
Costa del Sol/ Granada
Fuerteventura
Gran Canaria
Ibiza/Formentera
Jakobsweg/ Spanien
La Gomera/ El Hierro
Lanzarote
La Palma
Lissabon
Madeira
Madrid
Mallorca
Menorca
Portugal
Spanien
Teneriffa

NORDEUROPA

Bornholm
Dänemark
Finnland
Island
Kopenhagen
Norwegen
Oslo
Schweden
Stockholm
Südschweden

WESTEUROPA BENELUX

Amsterdam
Brüssel
Cornwall und Südengland
Dublin
Edinburgh
England
Flandern
Irland
Kanalinseln
London
Luxemburg
Niederlande
Niederländische Küste
Schottland

OSTEUROPA

Baltikum
Budapest
Danzig
Krakau
Masurische Seen
Moskau
Plattensee
Polen
Polnische Ostseeküste/ Danzig
Prag
Slowakei
St. Petersburg
Tallinn
Tschechien
Ukraine
Ungarn
Warschau

SÜDOSTEUROPA

Bulgarien
Bulgarische Schwarzmeer-küste
Kroatische Küste/ Dalmatien
Kroatische Küste/ Istrien/Kvarner
Montenegro
Rumänien
Slowenien

GRIECHENLAND TÜRKEI ZYPERN

Athen
Chalkidiki/ Thessaloniki
Griechenland Festland
Griechische Inseln/ Ägäis
Istanbul
Korfu
Kos
Kreta
Peloponnes
Rhodos
Samos
Santorin
Türkei
Türkische Südküste
Türkische Westküste
Zákinthos/Itháki/ Kefalloniá/Léfkas
Zypern

NORDAMERIKA

Alaska
Chicago und die Großen Seen
Florida
Hawai'i
Kalifornien
Kanada
Kanada Ost
Kanada West
Las Vegas
Los Angeles
New York
San Francisco
USA
USA Ost
USA Südstaaten/ New Orleans
USA Südwest
USA West
Washington D.C.

MITTEL- UND SÜDAMERIKA

Argentinien
Brasilien
Chile
Costa Rica
Dominikanische Republik
Jamaika
Karibik/ Große Antillen
Karibik/ Kleine Antillen
Kuba
Mexiko
Peru/Bolivien
Venezuela
Yucatán

AFRIKA UND VORDERER ORIENT

Ägypten
Djerba/ Südtunesien
Dubai
Israel
Jordanien
Kapstadt/ Wine Lands/ Garden Route
Kapverdische Inseln
Kenia
Marokko
Namibia
Rotes Meer/Sinai
Südafrika
Tansania/ Sansibar
Tunesien
Vereinigte Arabische Emirate

ASIEN

Bali/Lombok/Gilis
Bangkok
China
Hongkong/Macau
Indien
Indien/Der Süden
Japan
Kambodscha
Ko Samui/ Ko Phangan
Krabi/Ko Phi Phi/ Ko Lanta
Malaysia
Nepal
Peking
Philippinen
Phuket
Shanghai
Singapur
Sri Lanka
Thailand
Tokio
Vietnam

INDISCHER OZEAN UND PAZIFIK

Australien
Malediven
Mauritius
Neuseeland
Seychellen

In diesem Register finden Sie alle Sehenswürdigkeiten, Museen und Ausflugsziele sowie wichtige Stichworte und Personen. Gefettete Seitenzahlen verweisen auf den Haupteintrag.

SCHREIBEN SIE UNS

SMS-Hotline: 0163 6 39 50 20

E-Mail: info@marcopolo.de

Egal, was Ihnen Tolles im Urlaub begegnet oder Ihnen auf der Seele brennt, lassen Sie es uns wissen! Ob Lob, Kritik oder Ihr ganz persönlicher Tipp – die MARCO POLO Redaktion freut sich auf Ihre Infos.
Wir setzen alles dran, Ihnen möglichst aktuelle Informationen mit auf die Reise zu geben. Dennoch schleichen sich manchmal Fehler ein – trotz gründlicher Recherche unserer Autoren/innen. Sie haben sicherlich Verständnis, dass der Verlag dafür keine Haftung übernehmen kann. Kontaktieren Sie uns per SMS, E-Mail oder Post!

MARCO POLO Redaktion
MAIRDUMONT
Postfach 31 51
73 751 Ostfildern

IMPRESSUM
Titelbild: Sevilla, la Feria de Abril, Flamenco (Huber: Giovanni Simeone)
Fotos: DuMont Bildarchiv: Gonzales (75, 118/119, 120 u.); R. Gerth (37, 60, 62/63, 66/67, 69, 107, 127, 134/135); Huber: Giovanni Simeone (1 o.); © istockphoto.com: Alija (16 M.); G. Jung (91); M. Kirchgessner (2 M. u., 23, 32/33, 42/43, 113); Laif: Tophoven (Klappe r., 80), Zinn (41); K. Maeritz (3 u., 38/39, 85, 99, 110/111); mauritius images: Age (93), Alamy (2 M. o., 3 M., 4, 7, 26 re., 30 l., 30 r., 44, 47, 71, 72/73, 78, 89, 104/105, 114/115, 120 o.), Bridge (10/11), Troisfontaines (8); Angel Perdomo (17 o.); Purobeach Marbella (16 u.); D. Renckhoff (2 o., 5, 21, 27, 28/29, 51, 57, 82, 108, 124); L. Schmidt (1 u.); A. Selbach (6, 9, 121); O. Stadler (2 u., 3 o., 12/13, 58/59, 76/77, 96/97); T. P. Widmann (Klappe l., 29, 94, 101, 103, 118); WAVE CULTURE: Stefan Strauss (17 u.); White Star: Gumm (15, 18/19, 20, 24/25, 26 l., 28, 34, 48/49, 52, 55, 65, 87, 116, 119, 125); www.liliansimonsson.tv: Teteria Baraka (16 o.)

18. aktualisierte Auflage 2014

Chefredaktion: Marion Zorn
Autor: Martin Dahms; Koautor: Lothar Schmidt; Redaktion: Ann-Katrin Kutzner
Verlagsredaktion: Ann-Karin Kutzner, Nikolai Michaelis
Bildredaktion: Gabriele Forst
Im Trend: wunder media, München
Kartografie Reiseatlas: © MAIRDUMONT, Ostfildern; Kartografie Faltkarte: © MAIRDUMONT, Ostfildern
Innengestaltung: milchhof:atelier, Berlin; Titel, S. 1, Titel Faltkarte: factor product münchen
Sprachführer: in Zusammenarbeit mit Ernst Klett Sprachen GmbH, Stuttgart, Redaktion PONS Wörterbücher

Printed in China.

BLOSS NICHT

Strapazieren Sie die Toleranz der Andalusier möglichst wenig

GLEICH DEUTSCH REDEN

Die Welt gehört den Touristen? Zumindest meinen viele Reisende das. Sie gehen davon aus, sie könnten reden, wie ihnen der Schnabel gewachsen ist. Wie wär's erst mal mit einer höflichen Frage: Sprechen Sie Deutsch? Oder besser auf Spanisch: *¿Habla alemán?* Wenn Ihr Gegenüber bejaht, dürfen Sie natürlich gerne loslegen.

EILE AN DEN TAG LEGEN

Finden Sie, dass der Mann hinterm Postschalter oder die Frau von der Autovermietung ihre Arbeit wieder viel zu gemächlich angehen? Wenn Sie jetzt anfangen, sich zu ärgern, wird das die Dinge auch nicht beschleunigen. Außerdem: Sie sind doch im Urlaub und wollen sich entspannen und erholen.

FALSCHE SCHLÜSSE ZIEHEN

Küsschen links, Küsschen rechts und dazu ein strahlendes Lächeln – nehmen Sie's nicht zu ernst und persönlich. Die herzliche Begrüßung gehört einfach zum guten Ton und verrät wenig über die wahren Gefühle der Person. Männer reichen sich untereinander die Hand.

AN FREMDEN TISCHEN PLATZ NEHMEN

Die Bar ist knallvoll – aber da hinten am Tisch sitzt nur ein einzelner Spanier. Widerstehen Sie der Versuchung: Kein Andalusier würde sich zu Fremden an den Tisch setzen!

MITKLATSCHEN

Beim Flamenco mitzuklatschen ist ungefähr so angebracht wie in der Oper mitzusingen. Die *palmas*, wie das rhythmische Klatschen mit den Händen heißt, sind ein wichtiger Teil der Musik – und nur wer kann, der darf auch. Die *tablaos* für Touristen machen da leider eine unglückliche Ausnahme.

WEISSE SOCKEN TRAGEN

Jedenfalls nicht in Sandalen. Jedes Land pflegt seine Klischees über die anderen. Und Spanier wissen: *Guiris* (Nordeuropäer) tragen weiße Socken in Sandalen.

SICH BEKLAUEN LASSEN

Andalusien ist nicht gefährlicher als andere Gegenden Europas, doch auch hier warten Gauner auf günstige Gelegenheiten. Behalten Sie Ihre Wertsachen im Auge, und stecken Sie Ihre Papiere lieber in einen Bauchgurt als in die Handtasche. Falls doch etwas passiert: Erstatten Sie unbedingt Anzeige bei der nächsten Polizeistation, sonst zahlt nämlich keine Versicherung.

EINZELN ABRECHNEN

Überfordern Sie den Kellner nicht, indem Sie getrennte Rechnungen verlangen. In Spanien ist es üblich, dass einer die Rechnung übernimmt. Beim nächsten Mal zahlt dann ein anderer – so gleicht es sich letzten Endes wieder aus.